MARCO ALBRECHT

WENN FISCHE PLÖTZLICH FLIEGEN LERNEN

Die erste praktische Handlungshilfe

auf dem Weg in die Digitalisierung.

Made in Germany 5.0

novum  pro

www.novumverlag.com

Bibliografische Information
der Deutschen Nationalbibliothek:

Die Deutsche Nationalbibliothek
verzeichnet diese Publikation in
der Deutschen Nationalbibliografie.
Detaillierte bibliografische Daten
sind im Internet über
http://www.d-nb.de abrufbar.

Alle Rechte der Verbreitung,
auch durch Film, Funk und Fernsehen,
fotomechanische Wiedergabe,
Tonträger, elektronische Datenträger
und auszugsweisen Nachdruck,
sind vorbehalten.

© 2020 novum Verlag

ISBN 978-3-99107-122-8
Lektorat: Dr. Annette Debold
Umschlagfotos: Channarong
Pherngjanda, Showvector, Roman
Tsubin | Dreamstime.com
Umschlaggestaltung, Layout & Satz:
novum Verlag

Gedruckt in der Europäischen Union
auf umweltfreundlichem, chlor- und
säurefrei gebleichtem Papier.

www.novumverlag.com

INHALTSVERZEICHNIS

Vorwort 7

Kapitel 1 12
Der Aufruf 12
Wie alles begann 13
Begrifflichkeiten der Neuzeit 17

Kapitel 2 22
Wenn Fische plötzlich fliegen lernen 22
Plötzlich Zukunft 24
Made in Germany im 21. Jahrhundert 27

Kapitel 3 33
Das neue Fundament 33
Die Schnittstelle zum Erfolg 36
Verpflichtung schafft Freiraum für Neues 38
Wertschöpfung auf allen Ebenen 41
Das Gute im Menschen 47

Kapitel 4 53
Firmeneigene Start-ups 53
Innovation und Fortschritt 59

Kapitel 5 68
The Next Generation 68
Das Vier-Augen-Prinzip 69
Auf geht's, packen wir es an 72

Kapitel 6 76
IT-Sicherheit und Datenschutz 76

Kapitel 7 78
Methoden der Zusammenarbeit 78

Kapitel 8 82
Fazit 82
Checkliste – Minimalanforderung 83
Checkliste – Grundlagenerfassung 84
Checkliste – Detailfragen 85
Quick-Check Industrie 4.0 86
Transitionsmodell 87
Online-Kommunikation 88

Kapitel 9 92
Förderprogramme und Partner 92

Kapitel 10 93
Das ABC des Digital-Chinesisch 93

Kapitel 11 116
Platz für analoge Notizen 116

Vorwort

Nun ist es so weit, wer im Modekaufhaus Lott in Lippstadt einkauft, kann Wartezeit damit überbrücken, sich auf einen Small Talk mit Roboterdame Pepper im Eingangsbereich einzulassen. Humanoiden stehen für Selfies bereit, sprechen mit einem über das Wetter oder machen manchmal sogar einen Witz. Auf das Angebot des Kaufhauses angesprochen, verweisen sie brav auf die weiterhin vorhandenen menschlichen Kollegen.

Apple präsentiert im Oktober 2018 das neueste iPad Pro. Zitat: Endlich wieder eine Revolution. Es ist die deutlichste Veränderung des Tablets seit Anbeginn. Leider auch im Preis, vom Start-Angebot von sage und schreibe 879,– EUR bis zur max. Ausstattung mit unglaublichen 2099,– EUR.

Toshiba läutet im Jan. 2020 eine neue Ära der intelligenten Küchentechnologie ein, eine Mikrowelle ausgestattet mit modernster Sprachsteuerungstechnologie. Durch die Vernetzung mit Amazon Alexa oder Google Home können so auch die „Hobbyköche der Nation" über natürliche Sprachbefehle den Alltagshelfer steuern und somit im Vorbeigehen bedienen.

Wo sind die Zeiten hin, als die Kugel Eis noch 50 Pfennig kostete, Deutschland Fußballweltmeister war, als man zum Geburtstag einen Anruf bekam statt einer WhatsApp mit Emojis für jede Lebenslage?

Die Zeiten, als die Außendienstmitarbeiter noch ein „normales" Mobilfunktelefon besaßen statt eines Smartphones, das gleichzeitig als Navigationsgerät, Musikanlage, Terminkalender und mobiler PC diente.

Wo ein Fernseher noch eine Bildröhre hatte und in den Wohnzimmern der Nation stand, und nicht als ultraflaches LCD-Gemälde an den Wänden hing.

Ja, wo Boris Becker 1999 dem Normalbürger die Berührungsängste vor dem neuen, weiten World Wide Web nahm, indem er werbewirksam sagte: „Ich bin drin ... das ging ja einfach."
Wie hat sich die Welt, gerade in diesem Punkt, in den letzten zweieinhalb Jahrzehnten nachhaltig verändert, heutzutage „geht" man nicht mehr ins Internet – heute ist man ständig drin.
Und jetzt das noch: die nächste industrielle Revolution von analog zu digital – kurzum, die Industrie 4.0, die Digitalisierung oder auch digitale Transformation mit Big Data, künstliche Intelligenz (KI), Cloud Computing und Co.
Was sind das alles für Trends, was steckt genau dahinter, und wann gehen sie wieder vorbei?
Trends kommen und gehen doch ... Ja, vielleicht in der Modewelt, nicht jedoch in der New Economy, den mit ihr eng verbundenen – vernetzten – Digital Natives: der Enkelgeneration, derjenigen, welche mit dem Internet groß geworden sind.
Die Generation, die den technischen Fortschritt in eine disruptive und endgültige Innovation verwandelt hat, indem sie unweigerlich den Trend im täglichen Sein verinnerlicht hat, ja damit lebt wie mit der Luft zum Atmen. Der das Ping der WhatsApp wichtiger ist als die Konversation am Abendbrottisch.
Was versteckt sich nun genau hinter der Digitalisierung, über die vermeintlich zurzeit jeder spricht – vom Wirtschaftsverband bis hin zur Politik, wie z. B. Bundeswirtschaftsminister Altmaier und seine neue Nationale Industriestrategie 2030?
Was birgt sie an weiteren disruptiven Innovationen, welche ganze Branchen zum Zittern bringen? Und welche Techniken und Chancen ergeben sich aber auch durch sie?
Am Beispiel „Otto-Versand" zeigte sich sehr schön, wie das gesamte Einkaufsverhalten einer Nation, aufgrund von Trends, plötzlich das seit gefühlten Ewigkeiten erfolgreiche Businessmodell eines Unternehmens nachhaltig verändert.
Otto, dessen Versandkatalog fast 70 Jahre lang beinahe zur Grundausstattung des deutschen Haushalts gehörte, stellte die gedruckte Version – also den sprichwörtlichen „Otto-Katalog" – im Dezember 2018 mit der letzten Frühjahrsausgabe ein, um im

Weiteren das gesamte Sortiment nur noch online anzubieten, da ohnehin 95 % der Versandkunden ausschließlich digital bestellen. Digitale Trends mutieren durch Alltagstauglichkeit zu disruptiven Innovationen, sie verdrängen Althergebrachtes, Liebgewonnenes und treten ohne Angst und Furcht der Tradition entgegen.

Was passiert hier, und was passiert mit „Made in Germany", dem Erfindertum, dem Ingenieurwesen, der Liebe zum Detail und der Zuverlässigkeit einhergehend mit der international so geachteten Pünktlichkeit und Genauigkeit?

Dreht die Welt sich plötzlich schneller, gelten die alten Gesetzmäßigkeiten der Wirtschaft nicht mehr? Sind die Marke „Made in Germany" und ihre Traditionen, mit ihren so geliebten Patenten und ihren anerkannten Qualitätsstandards, nichts mehr wert?

Kann die Marke, der Grundpfeiler der Unternehmen, von solchen Trends in den Schatten verdrängt, ja sogar disruptiert werden?

Können solche Innovationen es wirklich mit jahrzehntelangen Traditionen aufnehmen? Mit einer Tradition à la „Made in Germany", wo das Produkt im Mittelpunkt steht durch seinen Exportweltmeister, den „Maschinenbau", und nicht primär die digitale Kommunikation?

Nun, Apple, Microsoft, Amazon, Facebook, Google und Co. haben beeindruckend unter Beweis gestellt, wie in wenigen Jahren milliardenschwere Wirtschaftsunternehmen entstehen, ohne dass Jahre mit Forschung und Entwicklung verbracht wurden. *„Der Anfang ist das Ziel."*

Der Umgang mit dieser digitalen Welt verändert nicht nur die Produkte an sich, er verändert ganze Verhaltensweisen, Einstellungen, Althergebrachtes, Businessmodelle. Er verändert Generationen.

Der B2C-Markt hat es allen aufgezeigt, er ist somit nicht mehr der, welcher er im Jahr 1999 war. Es gibt mittlerweile für jede Lebenslage Millionen von Apps. Man kauft heute kaum noch eine CD oder eine DVD, man streamt nur noch. Man gratuliert nicht mehr zu einem Anlass, man schickt eine Salve an Emojis, blinkend und tanzend in allen Farben und Formen.

Wie die Vernetzung von Daten funktioniert und wie Verbraucher maßgeblich in ihren Kaufentscheidungsprozessen beeinflusst werden, erleben wir nicht nur aktuell am Beispiel Otto, sondern auch bei Amazon, Google, Facebook und Co. Große Konzerne entstehen, ohne auch nur teilweise ein „handfestes" Produkt selbst herzustellen. Sie dienen allein als Mittler und Sprachrohr zur Welt.

Es hat sich gezeigt, dass das Zusammenspiel von Hardware, Software, Algorithmen und davon abgeleiteten Datenanalysen zu neuen wirtschaftlichen Verflechtungen führt, die das Einkaufsverhalten nachhaltig verändern können und somit traditionelle Businessmodelle automatisch infrage stellen.

Disruptive Innovation vs. Tradition, oder auch:

Die Digitalisierung ist die neue erfolgsversprechende Möglichkeit zur Effizienzsteigerung, zur Prozessverbesserung und Automatisierung. Ein gutes Produkt allein reicht heute nicht mehr aus, um damit erfolgreich zu sein.

Und obendrein: Bei der Etablierung einer neuen Digital-Value-Chain-Strategie ist es zwingend notwendig, den Fokus auf die Customer Journey zu legen. Dafür braucht es aber dringend KPIs im Based Service, ansonsten läuft man Gefahr, zwar technologisch „driven" zu sein, aber ohne Value Generation Mindset.

So oder so ähnlich lauten zurzeit die Aufrufe, in der vierten industriellen Revolution, der Industrie 4.0. Technischer Fortschritt, insbesondere die Vernetzung und deren Digitalisierung, werden von allen Seiten auf teilweise unverständliche denglische Weise proklamiert und adressiert. Hinzu kommen Begrifflichkeiten wie Smart Factory, Big Data, KI, Machine Learning, welche erst einmal gegoogelt werden wollen, um zu verstehen, was sich dahinter eigentlich versteckt.

Ja, es besteht die Notwendigkeit, besser heute als morgen, die Investition in neue digitale Businessmodelle voran zu treiben, da die Digitalität die wirtschaftliche Denkweise der Unternehmen im 21. Jahrhundert radikal und nachhaltig verändert.

Doch wie ist nun der Jakobsweg, welchen unweigerlich die Unternehmen gehen müssen, um nicht abgehängt (disruptiert) zu werden, oder wie es Bundeswirtschaftsminister Altmaier so schön formuliert hat: Gefahr zu laufen, die verlängerte Werkbank anderer zu werden?

Bei der Digital-Value-Chain-Strategie ist die Customer Journey zu beachten? Natürlich sollte der Kunde im Fokus bleiben, wenn man Hersteller, Händler oder Dienstleister ist. Wer dieses schon in der Vergangenheit nicht getan hat, braucht sich auch in Zukunft nicht mit der Digitalisierung auseinanderzusetzen, denn dann wäre er nicht mehr am Markt vertreten.

Wo ist also die **verständliche Lösung** des Problems, welche praxisnah, praktikabel und vor allem für das eigene Unternehmen ist, für seine Zielgruppe, ohne Anreicherungen von Begrifflichkeiten, wozu erst einmal Wikipedia zu befragen ist.

Ist es allein die Investition in Maschinen, Hard- und Software, welche die Zukunft garantiert? Die Entwicklung von Apps und neuen Kommunikationskanälen zu den Digital Natives, welche die neuen Businessmodelle aufgrund von Nachfrage dann mit sich bringen?

Doch was ist eigentlich mit den Menschen, dem größten Kapital der Unternehmen, den Human Ressources – den Mitarbeitern und Mitarbeiterinnen in diesen Überlegungen?

Der Mensch als Schnittstelle zwischen der Old Economy und der neuen digitalen Welt existiert scheinbar nicht so richtig, wenn man den meisten Proklamationen folgt.

Besteht die Industrie 4.0, die Smart Factory, demnächst nur noch aus Robotern aus der Familie von Roboterdame Pepper und ihren digitalen Freunden?

Dieses Buch soll diese Frage einmal durchleuchten und Gedankenanstöße geben, wie der digitale Wandel in den Unternehmen begonnen werden kann, auch ohne allein sein Heil im technischen Strukturwandel zu sehen.

Das Buch dient als Handlungshilfe mit Grundsatzfragen und Checklisten, um den ersten Schritt in Richtung Digitalisierung zu gehen – am Ende eben, seinen eigenen, selbst definierten „Jakobsweg".

Kapitel 1

Der Aufruf

Was bedeutet eigentlich Industrie 4.0 und mit ihr die Digitalisierung? Gibt es den einen Weg, den es zu gehen gilt, oder ist die Digitalisierung eher eine Kreuzung, wo man sich die Frage stellen muss: links – rechts – geradeaus – zurück oder sogar stehen bleiben und abwarten, bis der Bus zur Digitalisierung kommt, wo man mit einsteigen kann?

Was bedeutet es für den Menschen, ja für die Unternehmen selbst und deren Mitarbeiter und Mitarbeiterinnen? Denn seien wir mal ehrlich, viele von uns sind gute Anwender auf den Systemen, worauf wir geschult wurden, aber sicherlich keine Nerds.

Ohne Frage: Die Digitalisierung ist die nächste industrielle Revolution. Doch besteht die digitale Transformation nur eben aus IT-Systemen, Algorithmen, Quantencomputern und Robotik? Wo bleibt eben dieser Mensch, wenn die Digitalisierung doch ihm zu Nutzen sein soll?

Der Titel „Wenn Fische plötzlich fliegen lernen" steht als Sinnbild dafür, wie die eigenen Ressourcen genutzt werden können und wie der Wille zur Veränderung einen positiven Domino-Effekt auslösen kann, eben auch bei – und mit – den Mitarbeitern und Mitarbeiterinnen, also der menschlichen Komponente des Wandels.

Das vollendete Zusammenspiel von Mensch, Maschine, Prozess und Organisation ist vielleicht die Gründungsphase der nächsten industriellen Revolution – der Phase 5.0 – und wer diese demnächst beherrscht, wird der zukünftige „Apple" sein, der, der seine tiefen Fußspuren hinterlässt.

Dieses Buch kann somit vielleicht den Anstoß dazu geben, jetzt neue Wege zu gehen, neue Gedankenmodelle zu entwickeln und Sichtweisen zu etablieren, um den Trend der Digitalität als Chance, und nicht allein als Übel, zu sehen, jedoch mit den Menschen und nicht allein in Bits und Bytes.

Digitalisierung nachhaltig, verständlich und greifbar zu machen durch Offenheit und Dialog, um so ein gemeinsames Verständnis für die Zukunft zu entwickeln.

Die Tradition, das bisher Erreichte, wird dabei geachtet und beachtet – es war nicht alles verkehrt in der Vergangenheit. Doch nun bricht eine neue Ära an – eine neue industrielle Revolution. Das muss von allen Beteiligten verstanden und verinnerlicht werden. Dazu gehören dann vielleicht auch Kanäle, Algorithmen und Plattformen, die vielleicht nicht zum Kerngeschäft gehören.

Doch durch eine neue gelebte „Innovationsstrategie" von Mensch, Maschine, Prozess, Organisation und Technik geht diese Revolution einher, nicht mit einem „Big Bang" und allein dem Aufbau neuer Rechenzentren. Teamspirit, Neugier und der Wille zur Veränderung sind der Jakobsweg der Zukunft, wodurch man sich Flügel wachsen lässt.

Diese Philosophie des Zusammenspiels, die Betrachtung des Ganzen und jedes Einzelnen, kann vielleicht die nächste industrielle Revolution sein – DIE INDUSTRIE 5.0 – die ge(er)lebte Innovation.

Wie alles begann

Doch blicken wir einmal kurz zurück auf den Weg zur Industrialisierung.

„Denn nichts ist so beständig wie der Wandel."

Die *erste industrielle Revolution*, ca. 18. Jahrhundert, ausgelöst durch die Neuentdeckung der Wasserkraft, die Erfindung der Dampfmaschine und die damit einhergehende maschinelle Fertigung von Konsumgütern.

Die *zweite industrielle Revolution,* Ende des 19. Jahrhunderts, durch die Einführung der Akkord- und Fließbandproduktion und die Nutzung der Elektrizität. Das Telefon und das Telegramm revolutionierten dabei die Kommunikation der Menschen.

Die *dritte industrielle Revolution,* ab 1970, bestand im Einsatz von Mikroelektronik sowie in der weiteren Automatisierung und der aufkommenden Computerisierung in allen Lebensbereichen. Große Rechen- und Schreibmaschinen wurden abgelöst durch die ersten bezahlbaren Personal Computer – dank Bill Gates und seiner Vision: „A computer on every desk and in every home."

Die *vierte – und derzeit aktuelle Revolution* – ist der Wandel von der analogen Welt in die digitale. Auf der Basis von Sensorik, Chips, künstlicher Intelligenz, Machine Learning und Algorithmen wird die Industrie 4.0 ge(er)funden. Und mit ihr die Digitalisierung – die digitale Transformation.

Diese Megatrends des 21. Jahrhunderts beinhalten nun ein Infragestellen und eine Neuorganisation bzw. eine Neupositionierung der Unternehmen dahingehend, ob man – als Unternehmen, aber auch als menschlicher Bestandteil desselben – für die Zukunft gut gerüstet ist. Die Fragen, die sich hierbei stellen, sind z. B.:

Welche disruptive Innovationen verändern unsere Traditionen?

Welche Geschäftsmodelle müssen nun auch wir in der Neuzeit anpassen, aufgrund eines veränderten Einkaufs- und Wettbewerbsverhaltens?

Wo setzen wir unsere digitale Transformation an, zur Industrie 4.0.?

Und – vor allem – wann und von wem soll „es" eigentlich gemacht werden?

Die Arbeitswelt wandelt sich durch diese neuen Technologien und Trends unaufhörlich, daher ist diese Fragestellung von entscheidender Bedeutung.

Neue Geschäftsmodelle und Marktanforderungen entstehen unweigerlich, ob man will oder nicht, und neue Kommunikationskanäle entstehen aufgrund des technischen Fortschritts und der damit lebenden Generationen.

Dem begleitend entstehen neue Berufsfelder, Produktionslinien und Arbeitsabläufe, Prozesse, Vertriebskanäle und Kommunikationsplattformen. Fortschritt bedeutet gleichsam „fortschreiten", also weiter vorwärtsgehen und eben nicht stehen bleiben und abwarten, bis „der Bus zur Digitalisierung" kommt.

Eine Studie des Weltwirtschaftsforums, „Die Zukunft der Arbeitsplätze 2018", besagt, dass bis zum Jahr 2022 im Schnitt die Mitarbeiter und Mitarbeiterinnen der Unternehmen bis zu 101 zusätzliche Tage weitergebildet werden müssen, um ihre Rolle im Unternehmen weiter qualitativ hochwertig wahrnehmen zu können.

Der Grund dafür ist die prognostizierte Erhöhung des Automatisierungsgrades in den Fabriken über alle Wertschöpfungsstufen hinaus.

Die Entwicklung von Wertschöpfungsnetzwerken nach innen wie nach außen, eine ganzheitliche Orientierung an individuellen Kundenwünschen, als auch digitalisierte Fertigungsprozesse und nicht zuletzt die Lieferantenbeziehungen, Stichwort SCM-Integration, gilt es somit neu zu regeln und zu gestalten.

In traditionellen Unternehmen herrschen nun mehr und mehr zwei voneinander getrennte Denkweisen: die der Hardliner und die der Revoluzzer.

Die Hardliner stehen für Struktur, für Technologien, Maschinen und festgeschriebene Prozesse.

Die Revoluzzer stehen für Kultur, für die offene Organisation, den Menschen, dessen Routinen und Gewohnheiten, sowie den Umgang mit- und untereinander. Sie lieben Start-ups und ihre Denkansätze, ihre Philosophie, Dinge zu verbessern, sie wollen alte Krusten aufbrechen, um neue Akzente zu setzen.

Vorsprung durch bessere Technik, Effizienz durch mehr Produktivität; mithilfe dieses Strukturwandels und der Denkweise der Hardliner kann ein weiterer wirtschaftlicher Erfolg entstehen – ohne Frage.

Doch ohne einen gleichzeitigen **Kulturwandel** in den Unternehmen, beginnend mit kleinen Schritten, wird die Zukunft ohne das Mitnehmen der Menschen, d. h. der Mitarbeiter und Mitarbeiterinnen, gefährdet sein. Roboterdame Pepper und ihre folgenden Generationen können eben (noch) nicht alles.

Disruptive Innovationen, Techniken und Prozesse müssen ge- und erlebt werden. Nur indem der Trend verinnerlicht wird, wird er auch dauerhaft in das Verhalten integriert und somit zum „Leben" erweckt.

Technische Neuerungen, die neue Maschine und ihre Automation, sind dann nur eine Säule des Erfolges, wenn sie von den Menschen angenommen werden und verstanden wird, wofür. Die Angst, dass die Digitalisierung auch gleichzeitig die Rationalisierung mit sich führt, kommt eben nicht von ungefähr und muss auch von den Entscheidern verstanden und akzeptiert werden.

Doch die Digitalisierung ist nun mal nicht aufzuhalten, genauso wenig wie der Wind, und am Ende ist nur das richtige Setzen der Segel die Lösung, den Sturm für sich zu nutzen.

Die kommende industrielle Revolution wird nicht allein durch smarte Produktionsanlagen, Machine Learning, Big Data und Co. geprägt sein. Nein, sie wird geprägt sein durch Neugier, Offenheit, Verständnis, Kreativität, von Querdenkern und Mutigen. Von Revoluzzern eben, die den Mut haben, auch Altehrwürdiges infrage zu stellen, um günstiger, schneller oder innovativer zu sein als die anderen.

Kürzere Innovationszyklen und zunehmender Wettbewerb aus dem Ausland durch die fortschreitende und Grenzen übergreifende Globalisierung zwingen die Unternehmen auch hierzulande, ihre Wettbewerbsfähigkeit aufrechtzuerhalten und Mensch und Maschine im Neuen zu betrachten.

Erinnern wir uns:

10/2018 – Apple präsentiert das neueste iPad Pro endlich wieder eine Revolution.

Apple ist ein Musterbeispiel in Sachen Selbstinszenierung, Fortschritt und Markenbildung. Selbst in Zeiten des Erfolges (April 2015 – das iPhone beschert Apple Milliardengewinne) wird sich nicht *auf den Lorbeeren ausgeruht*, sondern es wird die erfolgreiche Zeit genutzt, sich und seine Produkte immer wieder zu revolutionieren – ja sich selbst zu disruptieren – um sich dann mit unglaublichen Höchstpreisen, dank der Markenbildung, wieder zu modernisieren.

Viele Unternehmen haben sicherlich auch das Ziel, dort oben auf dem Zenit des Erfolges zu stehen, doch warum gelingt es nicht jedem – was macht den Unterschied aus?

Hat Apple die besten Köpfe der Welt um sich vereint? Ist die Art und Weise der Entwicklung, der Mut, etwas komplett Neu-

es zu wagen und an den Markt zu bringen, vielleicht der Schlüssel zum Erfolg?
„Der Schlüssel zum Erfolg liegt manchmal darin, es einfach getan zu haben." Vielleicht, aber vielleicht ist es auch das Zitat von Apple-Gründer Steve Jobs: „Es macht keinen Sinn, kluge Köpfe einzustellen und ihnen dann zu sagen, was sie zu tun haben. Wir stellen kluge Köpfe ein, damit sie uns sagen, was wir tun können."

Begrifflichkeiten der Neuzeit

Doch bevor wir zu dieser gelebten „Innovationsstrategie – der Findung des eigenen Jakobsweges, wodurch wir uns Flügel wachsen lassen können – kommen, sollten wir zunächst noch einmal die Begrifflichkeiten der Neuzeit beschreiben und klären, wofür sie stehen, was sie bedeuten, um so die Unterschiede besser zu verstehen. Denn es gibt eben nicht nur die eine Lösung zur Digitalität, sondern viele.

„**Digitalisierung**" bezeichnet im ursprünglichen Sinn das Umwandeln von analogen Werten in digitale Formate. Die so gewonnenen Daten lassen sich technologisch verarbeiten, ein Prinzip, das allen Erscheinungsformen der Digitalen Revolution (die heute zumeist gemeint ist, wenn von Digitalisierung die Rede ist) im Wirtschafts-, Gesellschafts-, Arbeits- und Privatleben zugrunde liegt.

„**Digitale Transformation**" (auch „**digitaler Wandel**") bezeichnet einen fortlaufenden, in digitalen Technologien begründeten Veränderungsprozess, der als Digitale Revolution die gesamte Gesellschaft und in wirtschaftlicher Hinsicht speziell Unternehmen betrifft. Basis der digitalen Transformation sind digitale Technologien, die in einer immer schneller werdenden Folge entwickelt werden und somit den Weg für wieder neue digitale Technologien ebnen. Zu den wesentlichen Treibern der digitalen Transformation gehören die – traditionell als Informationstechnik bezeichneten – digitalen Technologien, dazu gehören die digitalen Infrastrukturen und Anwendungen, sowie die auf den digitalen Technologien basierenden Verwertungspotenziale. Im engeren Sinne wird als digitale Transformation häufig der durch digitale Technologien oder darauf beruhenden Kundenerwartungen ausgelöste Veränderungsprozess innerhalb eines Unternehmens bezeichnet. Die digitale Transformation geht aber viel weiter und darüber hinaus. Sie ist ein Veränderungsprozess, der eine Vielzahl von Aspekten unserer Gesellschaft betrifft und nicht bei den Unternehmen endet.

„Industrie 4.0" ist die Bezeichnung für ein Zukunftsprojekt zur umfassenden Digitalisierung der industriellen Produktion, um sie für die Zukunft besser zu rüsten. Der Begriff geht zurück auf die Forschungsunion der deutschen Bundesregierung und ein gleichnamiges Projekt in der Hightech-Strategie der Bundesregierung; zudem bezeichnet er eine Forschungsplattform. Die industrielle Produktion soll mit moderner Informations- und Kommunikationstechnik verzahnt werden. Technische Grundlage hierfür sind intelligente und digital vernetzte Systeme. Mit ihrer Hilfe soll weitestgehend selbst organisierte Produktion möglich werden: Menschen, Maschinen, Anlagen, Logistik und Produkte kommunizieren und kooperieren in der Industrie 4.0 direkt miteinander. Durch die Vernetzung soll es möglich werden, nicht mehr nur einen Produktionsschritt, sondern eine ganze Wertschöpfungskette zu optimieren. Das Netz soll zudem alle Phasen des Lebenszyklus des Produktes einschließen – von der Idee eines Produkts über die Entwicklung, Fertigung, Nutzung und Wartung bis zum Recycling.

„Lean Production": Schlanke Produktion, als Übersetzung, bezeichnet ursprünglich die von Womack/Jones/Roos in deren MIT-Studie (1985 bis 1991) bei japanischen Automobilherstellern vorgefundene, systematisierte Produktionsorganisation, welche der in den USA und Europa zu dieser Zeit vorherrschenden und von ihnen so genannten gepufferten Produktion („Buffered Production") entgegengesetzt wurde. Shah/Ward (2007) verstehen unabhängig von dieser auf die damalige Situation bezogenen Definition nunmehr schlanke Produktion als „integriertes soziotechnisches System, dessen Kernzielsetzung die Beseitigung von Verschwendung ist, indem gleichzeitig lieferantenseitige, kundenseitige und interne Schwankungen reduziert oder minimiert werden". Für die Anwendung von Lean-Production-Methoden hat sich im deutschsprachigen Raum der Begriff „Ganzheitliche Produktionssysteme" etabliert.

„Smart Factory" („intelligente Fabrik") ist ein Begriff aus der Forschung im Bereich Fertigungstechnik. Er gehört zur Hightech-Strategie der deutschen Bundesregierung als Teil des Zukunftsprojekts Industrie 4.0. Er bezeichnet die Vision einer Produktionsumgebung, in der sich Fertigungsanlagen und Logistiksysteme ohne menschliche Eingriffe weitgehend selbst organisieren. Die Vernetzung von eingebetteten Produktionssystemen und dynamischen Geschäfts- und Engineering-Prozessen ermöglicht eine rentable Herstellung von Produkten auch bei individuellen Kundenwünschen bis hin zur Losgröße 1. Technische Grundlage sind cyber-physische Systeme, welche mithilfe des Internets der Dinge (IoT) miteinander kommunizieren. Teil dieses Zukunftsszenarios ist weiterhin die Kommunikation zwischen Produkt (z.B. Werkstück) und Fertigungsanlage: Das Produkt bringt seine Fertigungsinformationen in maschinell lesbarer Form selbst mit, z.B. auf einem RFID-Chip. Anhand dieser Daten werden der Weg des Produkts durch die Fertigungsanlage und die einzelnen Fertigungsschritte gesteuert. Mit anderen Übertragungstechniken, wie etwa WLAN, Bluetooth, Farbcodierungen oder QR-Codes wird derzeit auch experimentiert.

Unter „**Change-Management**", Veränderungsmanagement, lassen sich alle Aufgaben, Maßnahmen und Tätigkeiten zusammenfassen, die eine umfassende, bereichsübergreifende und inhaltlich weitreichende Veränderung– zur Umsetzung neuer , Strukturen, Prozesse oder Verhaltensweisen in einer Organisation– bewirken sollen. Mit der Verfolgung von Änderungen an Produkten befasst sich das.

„**Änderungswesen**": Das Änderungswesen (auch Änderungsmanagement bzw. ÄM [engl. engineering change management] beschreibt Funktionen und Prozesse, die in einer Organisation etabliert werden, um Änderungen an Produkten der Organisation kontrolliert und dokumentiert vorzunehmen. Kernelement des Änderungswesens ist die Änderungsanforderung. Nach ihrer systematischen Erfassung durchläuft sie einen Genehmigungsprozess. Nach Freigabe erfolgt die Änderungsdurchführung zu einem vorgegebenen Zieltermin. Das Änderungswesen kann sich sowohl auf externe Produkte der Organisation beziehen als auch auf interne Produkte, insbesondere Dokumentationen. Zeitlich spielt das Änderungswesen während des gesamten Produktlebenszyklus eine wichtige Rolle, also von der Erfindung (Invention) bis zum End of Production (EOP). Besonders kritisch ist die Koordination vor dem Produktionsstart (SOP), da sich die Entwicklungszeiten immer weiter kürzen und damit verstärkt parallel gearbeitet wird. Diese Koordination ist Teil des Anlaufmanagements.

„**Disruptive Technologien**" (oft auch „**Disruptive Innovationen**"; to disrupt, „unterbrechen" bzw. „stören") sind Innovationen, die die Erfolgsserie einer bereits bestehenden Technologie, eines bestehenden Produkts oder einer bestehenden Dienstleistung ersetzen oder diese vollständig vom Markt verdrängen.

„**IoT**": Das Internet der Dinge (IdD) (auch: „Allesnetz"; Internet of Things, Kurzform: IoT) ist ein Sammelbegriff für Technologien einer globalen Infrastruktur/Informationsgesellschaft, die es ermöglicht, physische und virtuelle Gegenstände miteinander zu vernetzen und sie durch Informations- und Kommunikationstechniken zusammenarbeiten zu lassen. Mit Technologien des „Internets der Dinge" implementierte Funktionen erlauben die Interaktion zwischen Menschen und hierüber vernetzten beliebigen elektronischen Systemen sowie zwischen den Systemen an sich. Sie können darüber hinaus auch den Menschen bei seinen Tätigkeiten unterstützen. Die immer kleineren eingebetteten Computer sollen Menschen unterstützen, ohne abzulenken oder überhaupt aufzufallen.

„**Big Data**": Der aus dem englischen Sprachraum stammende Begriff Big Data (von engl. big, „groß", und data, „Daten") bezeichnet Datenmengen, welche beispielsweise zu groß, zu komplex, zu schnelllebig oder zu schwach strukturiert sind, um sie mit manuellen und herkömmlichen Methoden der Datenverarbeitung auszuwerten. Im deutschsprachigen Raum ist der traditionellere Begriff Massendaten gebräuchlich. „Big Data" wird häufig als Sammelbegriff für digitale Technologien verwendet, die in technischer Hinsicht für eine neue Ära digitaler Kommunikation und Verarbeitung und in sozialer Hinsicht für einen gesellschaftlichen Umbruch verantwortlich gemacht werden. Dabei unterliegt der Begriff als Schlagwort einem kontinuierlichen Wandel; so wird mit ihm ergänzend auch oft der Komplex der Technologien beschrieben, die zum Sammeln und Auswerten dieser Datenmengen verwendet werden.

„**KI– künstliche Intelligenz**", auch artifizielle Intelligenz (AI bzw. A.I.),engl. artificial intelligence, AI) ist ein Teilgebiet der Informatik, welches sich mit der Automatisierung intelligenten Verhaltens und dem maschinellen Lernen befasst. Im Allgemeinen bezeichnet künstliche Intelligenz den Versuch, bestimmte Entscheidungsstrukturen des Menschen nachzubilden, indem z.b. ein Computer so gebaut und programmiert wird, dass er relativ eigenständig Probleme bearbeiten kann. Oftmals wird damit aber auch eine nachgeahmte Intelligenz bezeichnet, wobei durch meist einfache Algorithmen ein „intelligentes Verhalten" simuliert werden soll, etwa bei Computerspielen. Im Verständnis des Begriffs künstliche Intelligenz spiegelt sich oft die aus der Aufklärung stammende Vorstellung vom „Menschen als Maschine" wieder dessen Nachahmung sich die sogenannte starke KI zum Ziel setzt: eine Intelligenz zu erschaffen, die das menschliche Denken mechanisieren soll, bzw. eine Maschine zu konstruieren und zu bauen, die intelligent reagiert oder sich eben wie ein Mensch verhält. Die Ziele der starken KI sind nach Jahrzehnten der Forschung weiterhin visionär.

Quelle Wikipedia 11/2018

KAPITEL 2

Wenn Fische plötzlich fliegen lernen

Die aufkommende Digitalisierung verändert die Arbeitswelt und die Geschäftsmodelle der Unternehmen nachhaltig und nachweislich. Eine Studie des Weltwirtschaftsforums zeigt: In vielen Betrieben entstehen durch die Digitalisierung neue Arbeitsplätze. Aber 37 % der befragten Unternehmen rechnen im Jahr 2022 auch damit, stationäre Roboter einzusetzen. Trotzdem erwarten allein diese Unternehmen einen Zuwachs von über 750 000 Stellen.

Disruptive Innovationen gab es schon immer und wird es auch immer geben – die Kutsche und die Lokomotive, der Pferdepflug und der Traktor, der „Tante-Emma-Laden" und die Einkaufszentren auf der grünen Wiese, die Schallplatte und die CD, die Diskette und der USB-Stick, gedruckte Fotos in Alben, nun Hochglanz-Foto-Bücher, und eben auch immer mehr Onlineshops, digitale Marktplätze und Apps.

Im Zeitalter des Internets kommen und verbreiten sich die Innovationen wesentlich rasanter, schneller und disruptiver, eben endgültiger, als in den Zeiten zuvor.

Wer glaubt an Traditionen wie: *„Das haben wir schon immer so gemacht"* oder *Es geht uns doch gut, wir haben tolle Produkte"* festhalten zu können, wird schnell erkennen: Das Produkt allein genügt in der digitalen Zukunft nicht mehr.

Ein weiteres treffendes Zitat von Steve Jobs: Innovation macht den Unterschied zwischen einem Anführer (Leader) und einem Anhänger (Follower).

Die Start-up-Szene der Vergangenheit, die New Economy, hat gezeigt: Pragmatisch, anstatt statisch, werden neue Ideen über Nacht in komplette Geschäftsmodelle disruptiert, auch wenn sie zunächst nur halbwertig sind.

Wer hätte sonst gedacht, das Airbnb einmal in 81 000 Städten, in 191 Ländern, 400 Mio. Gästeankünfte verbuchen kann und so der Hotellerie ernsthaft Konkurrenz macht?

Aus der Not geboren, wurde kurzerhand ein frei gewordenes Zimmer untervermietet und der erste Schritt war getan, wildfremden Menschen die eigene Wohnung als kostengünstige Übernachtungsmöglichkeit anzubieten.

Quelle: statista, „Kennzahlen Airbnb weltweit" – Stand 10/18

Fische, die fliegen können – der erste Schritt
Alles Leben entstand aus wissenschaftlicher Sicht im Meer, und ob nun vor Hunderten von Millionen Jahren in Zeiten der Evolution einige Fische ihre Flossen nicht zu Flügeln weiterentwickelt haben, um als Vögel die Kontinente zu bevölkern, so wie andere ihrer Artgenossen, sei dahingestellt.

Fakt ist jedoch, es gab scheinbar die Notwendigkeit, sich in einer bestimmten Ära weiterzuentwickeln, fortschrittlich zu sein und seine eigenen Ressourcen so zu nutzen, um sein Fort- und Überleben zu sichern.

Das Leben pulsierte, es kamen unzählige neue Arten und Gattungen hinzu, es gab Jäger und Gejagte, es wurde eng im Lebensraum Ozean, und der Kampf ums Überleben war eröffnet.

Aus dieser veränderten „gesellschaftlichen" Situation heraus, nicht gefressen zu werden, war scheinbar die einzige Möglichkeit zu überleben, nicht allein an dem Ursächlichen festzuhalten, „der Versuch wegzuschwimmen". Nein, das Überleben lag darin, neue Fähigkeiten zu entwickeln und Möglichkeiten zu nutzen, die eine neue Welt eröffneten – in diesem Kontext, eben die des Fliegens.

Heute nach Jahrmillionen existiert die Gattung der Fliegenden Fische (Exocoetidae) immer noch, und zwar mit vier Unterfamilien, sieben Gattungen und zurzeit 50 bekannten Arten.

Quelle: Wikipedia 11/2018

Übergeleitet in die heutige Zeit und auf die Gattung Mensch und ihre Unternehmen übersetzt zeigt die Entwicklung der fliegenden Fische auf, dass eine durch gesellschaftliche und politische Veränderungen sowie Verhaltensweisen und Trends rasant voranschreitende New Economy und ihre disruptiven Innovationen sich wirtschaftliche Lebensräume weiter verändern.

Wer an dem Ursächlichen festhalten will, läuft eben Gefahr, gefressen zu werden. Und wer nicht gefressen werden will, sollte sich manchmal „Flügel" wachsen lassen, auch wenn die grundsätzliche Idee so irrwitzig ist, wie der erste Mensch auf dem Mond.

Plötzlich besteht das wirtschaftliche Überleben darin, nicht nur das beste Produkt zu haben (haben zu wollen), sondern auch noch digital zu sein. Digitale Services auf allen Kanälen, Ebenen und Lebensweisen anzubieten, und zwar 24 Stunden am Tag – 7 Tage die Woche und 365 Tage im Jahr.

Das Produkt mit seinem Design, seinen Funktionen und Qualitäten ist dann nur noch ein Puzzlestück.

Die Notwendigkeit ist wiedergeboren, sich mit Dingen zu beschäftigen, die im ersten Moment absolut absurd oder überflüssig klingen: Industrie 4.0, End-to-End-Fertigungssysteme, digitale Transformation, und das in Zeiten, in denen es heißt *„Es geht uns doch gut – wir sind gut am Markt positioniert – auch wir sind eine Marke".*

„Die Welt dreht sich weiter ... mit uns oder ohne uns."

Plötzlich Zukunft

Marke sein, ja, das haben die Olympia-Werke, seinerzeit ein führender Hersteller von Schreibmaschinen in Deutschland, sicherlich auch mal gedacht. Mit dem 20. Jahrhundert erhielt die Schreibmaschine mehr und mehr Aufmerksamkeit. *„1961 kam jede zweite in Deutschland produzierte Maschine von Olympia."*

Auf dem Höhepunkt des Erfolges angekommen, war man nicht nur die Nummer eins der Büromaschinenhersteller in Deutsch-

land, sondern gehörte zu den drei größten Büromaschinenherstellern der Welt.
Die Olympia-Werke gibt es heute nicht mehr, und warum? Es wurde lieber in die Pleite investiert anstatt in die Zukunft.

Auszug aus dem Wirtschaftsbericht
NWZ-Online-Wirtschaftsbericht vom 19.05.2011 von Jürgen Westerhoff und Malte Ringer

Legendär und absolut perfekt mussten sie sein. Es zählte nur allerbeste Qualität. Der Anspruch der vollkommenen Fehlerlosigkeit galt nicht nur für die Mitarbeiterinnen, die es in den sogenannten Einschreibraum geschafft hatten, sondern auch für die Geräte, die dort überprüft wurden.

Jede Schreibmaschine, die – beispielsweise in den 70er-Jahren – die Olympia-Werke im friesischen Schortens-Roffhausen bei Wilhelmshaven verließ, musste durch den Härtetest im Einschreibraum. Dort wurden von blitzschnell arbeitenden jungen Damen alle Funktionen überprüft – und ein entsprechendes Protokoll über das Einschreiben der Maschinen begleitete das Produkt anschließend bis zum Kunden, der dann stolzer Besitzer einer „Olympia" war.

Die Qualität dieser mechanischen Schreibmaschinen war legendär. Weltweit symbolisierten sie die deutsche Wertarbeit. „Made in Germany" stand für spitze in Leistungsfähigkeit und Haltbarkeit.

Doch irgendwann geschah es dann. Schleichend zunächst, aber am Ende fuhr der Olympia-Zug mit rasanter Fahrt in die falsche Richtung. Mal wurde eine Weiche falsch gestellt, mal wurden nicht die richtigen Produkte an Bord genommen. Der Sprung in die Zukunft wurde jedenfalls nicht geschafft, stattdessen ging es in die Pleite.

Was war passiert? Die Bürotechnik war mal ein sehr einträgliches Geschäft, und in Spitzenzeiten standen mehr als 13 000 Olympianer/-innen auf der Lohnliste des Unternehmens.

Doch als der Konzern den Siegeszug des Computers unterschätzte und am Ende verschlief, war das Todesurteil des Traditionsunternehmens besiegelt. Trotz Reorganisationsversuchen und Umstrukturierungen, Bürokommunikation aus den Siebzigerjahren entwickelte sich zum Verlustgeschäft und war nicht mehr in dieser Form zu halten.

Dies ist nur ein Beispiel aus den letzten Jahrzehnten, wo es solch dramatische und negative Entwicklungen gegeben hat: Disruptive Innovation vs. Tradition: *„Wenn wir es nicht machen, macht es ein anderer."*
Wie war das noch in der Einleitung zu diesem Buch mit DEN Marken? Was ist eigentlich auch aus Kodak, Nokia und Blackberry geworden? Waren das alles nur traurige Einzelschicksale, die auch die Zeit der Innovationen verpasst haben oder nicht innovativ und mutig genug waren, sich selbst wieder zu disruptieren?

Hatte man die falschen Leute an Bord – die Hardliner –, oder genoss man den Erfolg zu sehr, anstatt weiter an der Zukunft zu arbeiten? Lebte man zu sehr im „Hier und Jetzt" statt im „Und was kommt danach?" *Nach dem Spiel ist bekanntlich vor dem Spiel, und das Runde muss in das Eckige.*

Steve Jobs Meinung dazu: Ich glaube, wenn du etwas machst und es läuft gut, dann solltest du etwas anderes Wunderbares machen, bleib nicht zu lange bei einem. Denk dran, was als Nächstes dran ist.

Ein schönes und erfolgreiches Beispiel, „mit der Zeit zu gehen", sei hier Europas größter Fotodienstleister CEWE Color genannt. Seine Geschichte und die geschickte Entwicklung von Print zu Digital war der Brückenbau in die heutige Gesellschaft und der Garant dafür, heute erfolgreicher zu sein denn je.

Die disruptive Evolution ist nicht immer aufzuhalten, so wie bei der VHS-Kassette, eben bei der Fotografie, den Online-Versand-Apotheken, den E-Books und Online-Zeitschriften. Genauso wie der Trend von den Fräsmaschinen hin zu den 3D-Druckern und dem autonomen Fahren.

Einst waren sie Visionen und Science-Fiction, doch manche „verrückte" Idee ist mittlerweile wahr gewordene Realität. Fische, die fliegen können – wer hätte das gedacht!

„Es ist eben ein Trugschluss zu glauben, alles beim Alten lassen zu können, gleichzeitig aber zu hoffen, dass sich was ändert."

Made in Germany im 21. Jahrhundert

Henry Ford sagte einmal bezüglich der Individualität des Ford-Modells T: „Sie können einen Ford in jeder Farbe haben ... Hauptsache er ist schwarz."

Heute ist man sich in der herstellenden Industrie sicher: Diese Art der Massenproduktion wird es nicht mehr geben.

Das wachsende Produktportfolio und der Preiskampf sind der gesellschaftlichen Entwicklung bzw. des gestiegenen Angebots in der Wohlstandsgesellschaft der 60er–70er-Jahre geschuldet.

Wer heute nicht auf ein flexibles Produktions- und Kapazitätsmanagement zurückgreift, wer über keine Modellvielfalt und nicht über moderne Fertigungssysteme verfügt, um die kundenindividuelle Befriedung der Nachfrage zu ermöglichen, zum bestmöglichen Preis und in kürzester Zeit, der wird es schwer haben im 21. Jahrhundert.

Im Ernst, alle reden von Industrie 4.0, der Digitalisierung", dem IoT – Internet of Things – sowie über Smart Factory und Lean Production, doch wer hat da noch den Überblick?

Und wer hat die Zeit, sich mit diesen Techniken im Detail zu beschäftigen, zu prüfen, ob diese Trends des 21. Jahrhunderts auch zum eigenen Unternehmen passt? Nicht versteckt in einzelne innovative Abteilungen, sondern als ganzheitliche Lösung und Businessmodelle für die gesamte Wertschöpfungskette.

Jedes Unternehmen, jeder Markt und jede Branche hat seine eigenen Gesetzmäßigkeiten und Bedürfnisse, sonst würden ja es alle der Automotive-Branche gleichtun mit ihren getakteten Just-in-time-Belieferungen oder den Just-in-sequence-Produktionslinien.

Zu Zeiten von Henry Ford war „Vielfalt" Luxus, in dieser Zeit war der Fokus darauf gelegt, Bedarfe zu decken, aber sicherlich keine individuellen Bedürfnisse zu wecken, geschweige denn zu befriedigen.

Bereits im Jahr 2013 wurde durch die Fallstudie „Produktionsarbeit der Zukunft – Industrie 4.0" des Fraunhofer-Instituts der stärker werdende Wandel zu einer schlanken Produktion vorhergesagt.

Auszug:

„Deutschland wird weiterhin eine führende Produktionsnation sein. Produktion sichert Wohlstand, Beschäftigung und unsere Zukunft. Auch in Zeiten der Verlagerung in Niedriglohnländer behauptet sich der Standort Deutschland durch Flexibilität, Qualität und Stabilität. Dies gilt insbesondere für die Highlight-Branchen, den Maschinen- und Anlagenbau, die Elektrotechnik und den Automobilbau.

In den letzten Jahren haben diese Branchen ihre Produktion nach den Prinzipien der schlanken Produktion gestaltet, Flexibilität erhöht und damit große Erfolge bei Produktivität und Lieferbereitschaft erzielt.

Aktuell steht die Produktion vor einem neuen Umbruch. Unter dem plakativen Namen ‚Industrie 4.0' wird der flächendeckende Einzug von Informations- und Kommunikationstechnik sowie deren Vernetzung zu einem Internet der Dinge, Dienste und Daten, das eine Echtzeitfähigkeit der Produktion ermöglicht, propagiert. Autonome Objekte, mobile Kommunikation und Echtzeit-Sensorik erlauben neue Paradigmen der dezentralen Steuerung und Ad-hoc-Gestaltung von Prozessen.

Die Fähigkeit, schnell und flexibel auf Kundenanforderungen zu reagieren und hohe Variantenzahlen bei niedrigen Losgrößen wirtschaftlich zu produzieren, wird zunehmen und so die Wettbewerbsfähigkeit noch einmal erhöhen. Neue Formen kundenintegrierter Geschäftsprozesse werden möglich. Die vollmundig versprochene ‚vierte industrielle Revolution' scheint in greifbarer Nähe.

Dabei bin ich mir absolut sicher, dass der arbeitende Mensch weiterhin im Mittelpunkt stehen wird, auch in einer durchgängig virtualisierten und informatisierten Fabrik. Unsere qualifizierten Mitarbeiter schließen sensorische Lücken, die immer bestehen werden. Sie verfügen über langjährige Erfahrung zur Beurteilung und Lösung von Ausnahmesituationen. Und sie bringen als Arbeitskraft ihre Kreativität und Flexibilität in die Prozesse ein. Gleichzeitig bieten die neuen Technologien und Unterstützungsmöglichkeiten auch bisher nicht denkbare Entfaltungsmöglichkeiten

für Mitarbeiter. Sie können ihre Fähigkeiten sinnvoll einbringen und werden in monotonen bzw. körperlich anstrengenden Tätigkeiten entlastet."
Univ.-Prof. Dr.-Ing. Dr.-Ing. E. h. Dr. h. c. Dieter Spath

Zusammengefasst kann man behaupten, ein Teil der Industrie 4.0, und mit ihr die weitergehende Digitalisierung, ist ein unverzichtbarer Weg, den die herstellende Industrie, der Handel oder auch die Dienstleister der Nationen gehen müssen, um das Ziel „Wettbewerbsfähigkeit" zu erhalten.

„Wer nicht mit der Zeit geht, der geht mit der Zeit."
Bei der herstellenden Industrie ist die Aufgabe die Eliminierung jeglicher Art von Verschwendung aus den Produktionsprozessen bei zeitgleicher Steigerung der Effizienz und Effektivität in der Fertigung durch abgestimmte, integrierte und neue, gelebte Technologien und Prozesse.

Zu ihrer Bewältigungbedarf es eines neuen Blickes auf die Produktionsphilosophie, im Detail auf kürzere Produktionszyklen, Variantenvielfalt, bestmögliche Produktivität, Auslastung der Produktion und nicht zuletzt darauf, ein innovatives, hochwertiges Produkt zu einem marktfähigen Preis anzubieten.

… oder im Apple-Style zum ultimativen Preis, was aber eben jeder will.

Der Handel muss den Digital Natives Kommunikationswege ermöglichen, um diese Tag und Nacht sowie in jeder Lebenslage zu erreichen.

Dienstleister nutzen Datenautobahnen und Apps, welche dem Kunden schon heute sagen, was morgen passiert.

Grundsätzlich fördert der „Überlegungsdrang zur Wettbewerbsfähigkeit" die Sicht auf alle Wertschöpfungsebenen und Ressourcen, diese Erkenntnis ist nicht neu.

Doch neu ist die Flexibilität durch die Orientierung an der Nachfrage des Kunden und die digitale Aufbereitung dessen.

Produziert wird nur, was der Kunde verlangt, und zu dem Zeitpunkt, an dem dieser das Produkt braucht, und das bitte schön zum Best Price. Geiz ist manchmal geil.

Der Weg zum Kunden und die Kommunikation mit diesem werden gleichzeitig digitaler und hipper.

Diese Taktik erhöht zunehmend den Druck auf die Unternehmen. Dazu kommen eben diese Handelskanäle und Wege, die keine geografischen Grenzen mehr kennen, dank Google als Tor zur Welt.

Doch wie wird eine Effizienzsteigerung in der Fertigung ermöglicht? Werden Materialbestände auf ein Minimum reduziert? Zwischenlager in der Produktion bereitgestellt, um Laufwege zu minimieren? Transparente Prozesse etabliert und digitalisiert – von der A-Komponente bis zu den nicht seriellen Produkten für die Produktion, die C-Teile – d. h. vom Handschuh bis hin zur Schraube? Kommunikationsplattformen installiert, die nicht mehr zum Kerngeschäft des eigenen Ichs zählen?

Für die Maßnahme „Wettbewerbsfähigkeit" müssen sämtliche Kapazitäten kürzeste Durchlaufzeiten ermöglichen und eine multidisziplinäre Kommunikation beinhalten: Lager und Beschaffung, Entwicklung und Vertrieb, F & E und Marketing, vom Werker bis zum Topmanager.

Ein rein technischer Strukturwandel der Hardliner – im Sinne der Industrie 4.0 – reicht für diese „Flexibilität am Kunden" nicht immer aus, es ist erst das Zusammenspiel von Mensch, Maschine, Organisation und Innovation, welches die Grundlage für eine veränderte Zukunft schafft.

Die Industrie 5.0! Was müsste passieren?

Eine neue Sicht auf das Ganze muss her, über alle Ebenen und Abteilungen. Vom Vertrieb, über den Einkauf, die IT, die Produktion bis hin zur Forschung und Entwicklung. *Gemeinsam und nicht im Alleingang wird die Aufgabe bewältigt, um das „Fliegen" zu lernen.*

Oder im Sinne von Steve Jobs: Große Dinge in der Wirtschaft werden nie von einer Person gemacht. Sie werden von einem Team von Leuten gemacht.

Die Digitalisierung wird zum Dauerbrenner, und ohne eigene Definition dessen: „Was benötigen wir dafür, und inwieweit können wir sie für uns, für unsere eigenen Businessmodelle, nutzen?", wird die Notwendigkeit zur Digitalisierung Monat für Monat dringender, um nicht doch am Ende abgehängt zu werden, so wie seinerzeit die erwähnten Olympia-Werke. Investition in Maschinen ist eins, Integration in eine neue Zukunft eben das andere.

Denn es geht eben auch um die Menschen und nicht nur Maschinen. Es geht um Ideen, Blickwinkel, Zusammenhänge und auch Bits und Bytes. Es geht um das Verstehen, um das „Ängste"-Abbauen, damit der Trend gelebt, verstanden, akzeptiert und mitgedacht wird. Es geht um das Know-how von morgen. Darum, durch die Digitalisierung auch Verhaltensweisen zu ändern. Modern und innovativ zu sein. Mutig und manchmal etwas verrückt.

„Fische, die fliegen können, was haben sich die Evolution oder der liebe Gott nur dabei gedacht?"

Die digitale Transformation ist kein reiner Strukturwandel auf die modernste Maschine hin. Sie ist auch nicht allein die Aufgabe der IT. Sie ist auch – und vor allem – ein „Kulturwandel im Unternehmen", eine neue Denk- und Verhaltensweise. Die gelebte Innovation: Neugier, statt Abwehr, muss das Motto sein.

Die digitale Transformation ist das Verständnis aller für ein neues WIR-Gefühl. Ein Über-sich-selbst-Hinausdenken, und das nicht nur in bestimmten Momenten, wie z. B. beim Fußball im Sommermärchen 2006.

Wir müssen etwas tun, und zwar lieber heute als morgen. Wir wollen nicht das nächste Beispiel in der Geschichte der verpassten Evolution sein, so wie Olympia, Tante Emma oder der geliebte Otto-Katalog. Das muss der Tenor sein, zu dem alle einstimmen und mitsingen.

Die Außendarstellung kann vielleicht ein Weg sein, seine Zukunft neu zu gestalten: aus Raider wird Twix, aus einem Duplo die längste Praline der Welt.

Der Inhalt bleibt gleich gut, aber die Verpackung ist neu, innovativ, attraktiv und manchmal sexy – mal beim Produkt und mal beim Umgang mit dem Kunden. Okay, eine Möglichkeit.

Doch der Erhalt der Wettbewerbsfähigkeit in Zeiten der disruptiven Innovationen bedarf dann leider doch manchmal noch etwas mehr an Wandel und Ideen.

Eine **neue Innovationskultur,** ein Changemanagement muss her. Nicht als reiner Leitspruch, sondern als persönlicher Anspruch, dieses im Unternehmen auch wirklich zu tun.

Die Zukunft und die Wettbewerbsfähigkeit zu gestalten ist eben kein Projekt, sie ist ein Prozess.

Vom Fertigungsband bis zum Vorstandsschreibtisch, vom Werker bis zum Inhaber, alle müssen es wollen, ohne *Wenn und Aber.*

Ohne Berührungsängste, aber mit Feingefühl, Verständnis und dem Funken kindlicher Neugier.

Und, dem Verständnis dafür, warum eine Veränderung für jeden Einzelnen so wichtig ist.

„Nichts ändert sich, bis du dich änderst, und dann ändert sich plötzlich alles."

Kapitel 3

Das neue Fundament

Viele Wege führen nach Rom. Diese Weisheit ist sicherlich vielen bekannt und passt immer wieder in jedes Jahrzehnt und in jede Lebenslage ... auch in Zeiten der Digitalisierung und deren digitaler Transformation.

Denn es gibt halt eben nicht den einen berühmten Jakobsweg, oder wir müssen uns nur Flügel wachsen lassen, und wir sind sicher für die Zukunft. Nein, es sind viele Möglichkeiten und Maßnahmen, die ergriffen werden können (müssen), abgeleitet von dem individuell festgelegten Plan und Standards, die schon vorliegen. Abgestimmt auf die eigene Zielgruppe und den Kern des Seins.

Ein Weg wird sicherlich immer die **Aktualisierung der IT-Landschaft** sein, ohne Updates und Upgrades bei den ERP/CRM- und SRM-Systemen geht es nicht.

Ohne Schnittstellen, Tools und Apps auch nicht mehr. Sie sind ein Teil des notwendigen Strukturwandels in den Unternehmen und gehören alle paar Jahre den technischen und sicherheitsrelevanten Entwicklungsprozessen angepasst.

Ein weiterer Weg ist die **Investition in moderne und vernetzte Fertigungsmaschinen**. Wo eben auch der Einsatz von Robotern und 3D-Druckern zum Teil unverzichtbar sein wird, um eine höhere Produktivität und Qualität in kürzester Zeit zu erreichen. Gefolgt von Lean-Prozessen, wodurch Verschwendung jeglicher Art vermieden wird.

Es gibt aber noch einen Weg, der nichts mit Maschinen und Prozessen zu tun hat, die **Investition in die Menschen** und eine neue gelebte Innovationskultur. Die Möglichkeit, im Unternehmen Ideen und Verbesserungen voranzubringen und – vor allem –

am Ende sich selbst mit einzubringen für eine modernere Zukunft im Hier und Heute.

Als Revoluzzer des 21. Jahrhunderts, mit der Sicht auf die Menschen, die Prozesse, die Organisation und der Erkenntnis der Unverzichtbarkeit des Zusammenspiels schaffen sie das Fundament für Neuerungen. Von innen heraus werden Grundlagen definiert, um Mensch, Maschine und Prozess zu vereinen, damit Innovation und somit Zukunft entsteht. *Große Dinge beginnen oft im Kleinen.*

Innovationen durch den Einsatz aufstrebender Technologien wie Big Data und Co., aber auch ein Miteinander, der Dialog und die Kommunikationsbereitschaft, welche die Symbiose zum Fortschritt mit sich bringt.

Die Smart Factory, als Resultat der Industrie 4.0, bedeutet für viele erst mal menschenleere Fabriken und robotergesteuerte Fertigungen, die selbstständig durch künstliche Intelligenz und Machine Learning alles und jeden kontrollieren und am Ende sich auch selbst reparieren.

Doch so modern und machbar sich das alles anhört, dies bleibt sicherlich zunächst noch eine Fiktion, denn die Wertschöpfungskette beinhaltet doch mehr als nur diese eine Sicht der Hardliner – die Schöpfer von Roboterdame Pepper –, es sind auch die Prozesse und die ganze Organisation drum herum, die den „Lebensraum Wirtschaft" ausmachen. Es sind die Mitarbeiter und Mitarbeiterinnen, die Kunden, die Lieferanten, die Partner.

Ohne Frage, es gibt heute schon Produktionslinien, die ohne Menschenhand funktionieren, ERP-Systeme, die alles und jeden führen, aber bis zum endgültigen innovativen Produkt und dessen erfolgreicher Vermarktung gehört eben mehr als nur eine Investition in Maschinen und Software.

Trotzdem, „smart", als Essenz der Smart Factory, bedeutet auch „einfach", und einfache (Hilfs-)Mittel sind aus der heutigen Zeit auch nicht mehr wegzudenken, so wie das Smartphone. Ganz im Gegenteil, sie werden weiter Einfluss nehmen, auch auf die Arbeitswelt. „Einfach" kann aber auch der Beginn sein, der erste Schritt in Richtung Zukunft – einfach mal loslegen. Und das kann eben auch in Zeiten der Digitalisierung der Mensch als Auslöser sein, der, der den ersten Stein der Dominokette zum Fallen bringt. Sein Blick für das Ganze, seine Kreativität, seine Ideen, sein Adrenalin und der Instinkt zum „Überleben".

Stellen wir auch mal die anderen in den Mittelpunkt. Die Kunden, die Lieferanten und die Unternehmen selbst, mit all ihren Facetten. Was wird benötigt, um marktgerechte Produkte „State of the art", zum marktgerechten Preis in kürzester Zeit zu produzieren?

Moderne Maschinen, ein gutes Ingenieurteam, eine funktionierende IT, den besten Einkauf, ein modernes Marketing, einen Topvertrieb und trendige Kommunikationskanäle mit werbeträchtigen Aktionen – genau.

In Zeiten der New Economy und des Inbegriffs ganzer Wertschöpfungseinheiten, können Produktivität und Zukunft entstehen allein durch das Zusammenkommen, das Vernetzen und Zusammenarbeiten.

„Zusammenkommen ist ein Beginn, Zusammenbleiben ein Fortschritt, Zusammenarbeiten ein Erfolg."

Eine neue Symbiose für eine „gelebte Innovationskultur", integriert in einer Organisation, die Raum bietet für Kreativität, Pragmatismus und Einfachheit.

Eine Plattform für ein Zusammenspiel von Mensch, Maschine, Prozess und Organisation. Was wäre das für ein Fortschritt in der heutigen Zeit – wieder **persönlich** miteinander zu reden und zu gestalten.

Wo sind die Zeiten des guten alten KVP – des kontinuierlichen Verbesserungsprozesses – geblieben, wo Mitarbeiter und Mitarbeiterinnen selbstständig nach Lösungen am Reißbrett suchen? Miteinander reden, und nicht übereinander. Diskutieren und gemeinsam versuchen DIE Lösung des Problems zu finden, für den eigenen Jakobsweg. Das zu schaffen, um am Ende mithilfe der eigenen Ressourcen zu „fliegen" so wie die Gattung der Exocoetidae.

Das Fundament für die Wettbewerbsfähigkeit der Zukunft, wo Mensch und Maschine gemeinsam interagieren und wo Standardprozesse digitalisiert und automatisiert werden, weil die Technik unaufhörlich Einfluss nimmt.

Der Wille zur Kommunikation, zum Dialog, um zur Verbesserung beizutragen, muss größer sein als die Angst vor Fehlentscheidung. Und noch größer der Wille, mitgestalten zu wollen, als gleichgültig danebenzustehen, um mit dem *Finger auf andere* zu zeigen.

Es bedarf agiler Produktionslinien, aber auch Kommunikationswegen, wodurch die Innovationszyklen und deren Produktion sich genauso rasant entwickeln können wie die Welt um sie herum.

Menschen werden zum Gestalter, zu Akteuren und nicht zu Kostenstellen. Ihre Fähigkeit, mit der Kommunikation Einigkeit zu erzeugen, und wo Businesspläne erst mal nicht zählen, sondern nur das gemeinsame Ziel: Zukunft gestalten und Zukunft sichern, um nicht der Spielball anderer zu werden.

Was müsste man dafür tun, wie viel müsste man dafür investieren, und wie könnte es gehen?

„Nicht die Leidenschaft zählt, sondern allein der Wille, es zu tun."

Die Schnittstelle zum Erfolg

Wie erinnern uns: Wer die digitale Transformation verpasst, verpasst die Zukunftsfähigkeit seines Unternehmens, so oder so ähnlich lauten die aktuellen Aufrufe zum „HANDELN".

In der Tat, *Unternehmen mit Zukunft brauchen Systeme von morgen.* Doch so war es schon in der Vergangenheit, und so wird es auch weiter in der Zukunft sein. Up to date sein ist die Pflicht und nicht allein die Kür.

Doch wer hat in seinem Tagesgeschäft den ausreichenden Überblick über all die aktuellen digitalen Technologien und Möglichkeiten, um 4.0 zu sein?

Unternehmen brauchen nicht nur Entwicklung, sondern auch Fortschritt mit modernen Strukturen.

Ein Ticket der Zukunft für die zeitnahe Implementierung neuer Technologien und Ideen für eine verbesserte Produkt-, Prozess- und Organisationsstruktur.

Das Tagesgeschäft ruht nicht, der Markt will bedient werden, und der Wettbewerb schläft schon gar nicht. Es sind auch nicht alle Entwickler, IT-Experte, Präsenter, Moderator, Kämpfer und Gestalter.

Doch die Welt spielt nun mal verrückt, denn plötzlich bauen sogar Online-Suchmaschinen Autos, und die Mächtigen dieser Welt bringen die Weltwirtschaft mit Zöllen und neuen Grenzen mal eben mit einem Tweet ins Wanken.

Die Old Economy und ihre traditionsreiche Art der Entwicklung und Herstellung, kopiert in die Zeit von Bits und Bytes mit neuen digitalen Geschäftsmodellen, macht man nicht mal eben so … oder doch!?

Innovative Produktideen, digitalen Services und eine verbesserte Zusammenarbeit – intern wie extern – als Resultat einer neuen gelebten Innovationskultur mit digitalen Ansätzen.

Warum nicht? Es ist doch eigentlich ganz einfach. Die Schnittstelle zum Erfolg, der erste Schritt ist die Bereitschaft der Unternehmen, der Inhaber, der Geschäftsleitung, des Managements, loszulassen, um neue Strukturen und Bereiche zu schaffen, die über die Forschung und Entwicklung von Produkten hinausgehen. Vertrauen schenken auf sachlicher und emotionaler Ebene.

Raum bieten für diese neue Innovationskultur – eine Kultur der Kommunikation ohne Hierarchien, Kostenstellen, Return on Investment, Profitcenter oder externe Beratern – als die vermeintlichen Philosophen aus dem fremden Land.

Wo jeder aus allen Bereichen ein Teil des Ganzen sein kann, wenn er/sie der Meinung ist, dafür bereit zu sein „gestalten zu wollen", um *über den Tellerrand hinauszublicken*.

Und liebe Mitarbeiter und Mitarbeiterinnen, auch das muss hier gesagt werden:

Nutzt dieses Vertrauen, und missbraucht es nicht.

Doch wie kann die Kommunikation zwischen den unterschiedlichen Partnern von der Entwicklung über die Versorgungsketten, die IT, die Produktion bis hin zum Vertrieb zugänglich und sichergestellt werden, sodass alle die gleichen Informationen erhalten und alle in die gleiche Richtung denken?

Wie wird gewährleistet, dass die *vielen Königreiche zu einem gemeinsamen Kaiserreich zusammenfinden* ohne Machtkämpfe, Verlustängste, Eitelkeiten und Selbstdarstellung?

Wie und womit schafft man die Grundlage, dass die Mensch-Maschine-Organisation- und Prozess-Kommunikation ein wirklicher, wirklicher Erfolg wird?

Denn ist man mal ehrlich, ist das Thema Kommunikation in Unternehmen nicht immer auf der To-do-Liste unter „noch verbesserungswürdig".

Kommunikation ist nicht, alle sitzen am Tisch, der Chef spricht, und alle nicken im Gleichklang.

„Kommunikation ist nicht das Gesagte, Kommunikation ist das, was vom Gegenüber verstanden und gelebt wird."

Wie schaffen wir also diese Schnittstelle, dieses „Miteinanderreden", um die Zukunft selbst zu gestalten?

Wie können Schwachstellen im Unternehmen aufgezeigt werden - ohne Angst haben zu müssen, eigene Lösungsansätze eingebracht werden, seine eigenen Ängste thematisieren zu können, um am Ende nicht von außen gezwungen zu werden, mit panikartigen (Fehl-)Entscheidungen?

Verpflichtung schafft Freiraum für Neues

Jedes Unternehmen muss sich zu diesem Zeitpunkt einmal die Frage stellen:

Wo stehen wir heute, und was bedeutet für uns der digitale Wandel, die Digitalität?

Reicht uns Industrie 4.0, wo unsere Maschinen untereinander kommunizieren und selbstständig agieren, oder bedarf es mehr als nur eines technischen Strukturwandels?

Welche Art von Fähigkeiten brauchen wir in Zukunft, um den Markt bedienen zu können?

Was wird in Zukunft unser Markt sein?

Haben wir genug an Mitarbeiter-Know-how schon heute im Unternehmen, um den Weg zu gestalten, und was brauchen wir weiter an Expertise und Unterstützung von außen?

Betrifft die Zukunft alle im Unternehmen oder zunächst nur einzelne Bereiche?

Ist es bloß ein Personalthema, ein F-&-E-Thema, ein Produktionsthema, ein Vertriebsthema, ein Kundenthema, ein IT-Thema oder auch ein Führungsthema – ja ein Kulturthema?

Keine Frage, es braucht in Zukunft Verantwortliche, die die neue Innovationskultur vorantreiben.

Und, es braucht Zeit, Raum und Vertrauen, um Neues zu gestalten gestalten zu können.

Die digitale Transformation ist eindeutig Chefsache, aber nicht in der Form ICH mache es, sondern in der Form, ich gestalte es und schaffe den Freiraum für einen kreativen Mitarbeiter-Mix.

In Zeiten von „Uns geht es schlecht – wir verpassen noch den Anschluss" ist der Wille zum Handeln leichter zu verstehen, um die Sachen zu packen, um aufzubrechen. Doch Menschen vom Wandel zu überzeugen, während die Geschäfte (noch) gut laufen, oder in der Vergangenheit schwelgen – „Damals war alles besser" – ist eben auch eine dieser berühmten Herausforderungen der Zukunft.

Es ist auch verständlich, da wir alle keine Raketenwissenschaftler sind, mit dem Ziel, fortwährend etwas Neues zu entwickeln, um den Mars zu besiedeln. Bei vielen liegt es in der Natur der Sache, man will ungern auf Liebgewonnenes verzichten.

Doch wer will schon erst eine Krise aufkommen lassen, abseits abwarten und zusehen, was so passiert, um dann die „Chance" zu haben, sich zu verändern? Vielleicht ist der „Bus zur Digitalität" dann schon an uns vorbeigefahren, und wir haben es gar nicht bemerkt, weil wir die Augen verschlossen haben.

GOOD MORNING BILL GATES; HELLO COMPUTER; GOODBYE, DU SO GELIEBTE OLYMPIA-SCHREIBMASCHINE.

Wie soll man aber Strukturen lösen, wenn Hierarchien dies nicht zulassen und Wege zur Kommunikation im Grunde nicht vorliegen bzw. gewollt sind, sondern nur ein Management by Delegation?

Hier sei erwähnt, dies soll kein Vorwurf sein an die Unternehmen und das Management, es sind eben oft gewachsene Traditionen oder auch Konzernstrukturen, teilweise über Länder hinaus, welche es so schwer machen, alle ins Boot zu nehmen und in eine Richtung rudern zu lassen.

Eine abteilungs- und vor allem hierarchieübergreifende Zusammenarbeit entsteht nicht mit einem Kick-off-Meeting. Digitale Transformation ist kein Projekt, es ist ein laufender Prozess und muss ge(er)lebt werden.

Verpflichtung schafft Freiraum für Neues.

Der regelmäßige Austausch von Erfahrungen, Ideen und Wissen, sozusagen sich „mit"zu„teilen", das eigene Gedankengut preiszugeben, bedarf des Raums und der Verhaltensregeln, welche das Ergebnis der Innovationsgruppe in den Mittelpunkt stellen und nicht die Leistung eines/einer Einzelnen.

Die Gruppendynamik ohne Hierarchie, die Verpflichtung, „kreativ" zu sein, erlauben dem Team radikal zu denken, jeden Stein umzudrehen und somit zu schauen: Geht es auch anders – geht es moderner?

Die Rollen tauschen, um den Blick aus einer anderen Perspektive zu nehmen, das ist das Regelwerk.

Die stille Revolution steht hier als Synonym dafür, im Kleinen zu beginnen, um Leuchtturmprojekte entstehen zu lassen und dann schnell und konsequent anhand dieser Best-Practice-Fälle den anderen aufzuzeigen: Hey, es funktioniert, und sogar mit Erfolg.

„Wenn über das große Ganze Einigkeit im Team besteht, werden die Probleme auf dem Weg dahin nur noch Herausforderungen sein."

Der gemeinsame Vorsatz, den digitalen Wandel gemeinsam anzupacken, steht im Mittelpunkt.

Ein bisschen Digitalisierung hier, ein bisschen Fortschritt da, ist nicht am Ende des Tages das Konzept.

Es müssen ganzheitliche und vorausschauende Ansätze her, ein Überblick des Ganzen, eine Innovation in der gesamten Wertschöpfungskette, mal ganz klein und mal ganz groß.

Wertschöpfung auf allen Ebenen

Ja, es klingt wie „Und täglich grüßt das Murmeltier", eine Wertschöpfung und somit Erfolg zu haben durch reinen Absatz mit Produkten; „State of the Art" zum besten Preis, ist kein Garant mehr. Qualität und Langlebigkeit weichen zum Teil der Modernität und der Trendfähigkeit: Nur ein Modell in „Schwarz" zu haben reicht im 21. Jahrhundert eben nicht mehr.

Businesspläne über 5 Jahre hinaus sind in Zeiten der disruptiven Innovation und Digital Natives schwer planbar geworden.

Das Internet und seine Grundregeln des globalen World Wide Web machen es der Marke „Made in Germany", zwar nicht in allen, aber doch in bestimmten Branchen, schwer mithalten zu können.

Die Online-Shopper von heute verspüren nicht immer die Händler- und Herstellertreue von damals. Wer den Trend heute gut und gezielt proklamiert, wer zur richtigen Zeit die mutige Idee präsentiert, wer sich in seinen guten Zeiten mal selbst disruptiert, hat die Chance, die trendige Innovation von morgen zu sein – siehe Airbnb oder Apple.

Es gibt immer weniger treue Händlerkunden im B2C, geschuldet durch große Anbieter mit ihren Marktplätzen, unzählige Onlineshops und Preisvergleichsportale.

Die Grenzen des Handels existieren nicht mehr auf der Landkarte – heute ist man in vielen Lebenslagen online und mit einem Klick auch mal eben Online-Käufer.

Was mal das Fundament des Erfolges war, wird plötzlich, aufgrund gesellschaftlicher Veränderungen und Verhaltensweisen, wie aufgezeigt, durch das Kaufverhalten aufgrund technischer Errungenschaften zu einer „gewöhnlichen" Ware – außer natürlich man ist der „Apfel".

Ware, die teilweise von vielen produziert wird, manchmal sogar noch günstiger am Markt angeboten wird oder eben auch plötzlich innovativer und hipper.

Kommunikationskanäle, die nichts mit dem Ursprung des Seins, „gute Produkte herzustellen", zu tun haben, und auch digitale Dienstleistungen, die bis gestern nicht verfügbar oder notwendig waren.

Bleiben wir wieder einmal bei Apple mit seinem neuen iPad Pro. Apple ist nicht nur eine trendige Marke. Apple ist nicht nur State of the Art. Apple ist DER APFEL.

Auch andere Unternehmen, welche einmal alles richtig gemacht haben, herausragende Produkte für Kunden entwickelt haben, stehen plötzlich mit dem Rücken zur Wand.

Und warum? Weil die Enkelgeneration, die Digital Natives – die, die dann später mit dem Internet aufgewachsen sind –, den digitalen Wandel mit ihrem Verhalten so weit beeinflusst haben, dass es sich bis in die Fabriken ihrer Eltern und teilweise Großeltern durchschlägt.

Auf Wiedersehen, du guter alter Otto-Katalog.

Du, mein geliebter Drahtesel, was haben wir die Welt entdeckt, und das mit eigener Kraft.

Was wäre wohl aus Facebook und Co. geworden, wenn es nicht diese Generation gegeben hätte?

Es wäre dann sicherlich auch niemals dazu gekommen, dass ein Online-Marktplatz ganze (Bücher-)Branchen diktiert und später ganz neue Einkaufserlebnisse von der Couch aus initiiert.

Wie ist nun dieser Trend „Digitalisierung" aufzuhalten?

GAR NICHT. Überhaupt nicht mehr. Never ever. Hasta la vista, Baby. Komme, was wolle.

Es ist eben wieder einmal die Zeit gekommen: wo Fische plötzlich fliegen lernen müssen.

Zeiten, wo Unternehmen sich mit Themen beschäftigen müssen, die mit ihrem Ursprung und ihrer Kernaufgabe eigentlich nichts zu tun haben. Eben Zeiten, wo Haushalte lieber per App mit ihren Thermostaten an der Heizung kommunizieren wollen oder die Kaffeemaschine von unterwegs aus einschalten. Zeiten, wo Kunden mit der Service-Hotline chatten wollen, anstatt dauerhaft in der Warteschleife zu hängen. Zeiten, wo der persönliche Geburtstagsgruß digitalisiert wird.

Ja Zeiten, in denen sogar große Führungspersönlichkeiten lieber twittern, anstatt das rote Telefon zu nehmen, um Krisen zu minimieren, anstatt sie mit unbedachten Tweets zu eskortieren.

Doch wie ist nun der Weg zum digitalen Unternehmen, zur neuen Innovationskultur? Wie ist der Generationskonflikt zu lösen, und welcher Jakobsweg bringt die neuen Geschäftsmodelle, die neuen Chancen für eine bessere Wertschöpfung und somit DIE Zukunft?

Denn dieses ist wohl mittlerweile nach dieser ganzen Einleitung klar geworden, die betriebswirtschaftlichen Regeln von damals sind vor allem eins: Sie sind von damals.

Es gelten neue Ansätze: Ab morgen machen wir disruptive Innovation. Wir machen morgen etwas, was wir noch nie zuvor gemacht haben. Die Tatsache, ein gutes Produkt gehabt zu haben – und vielleicht auch noch zu haben –, reicht in Zukunft nicht mehr aus. Darüber sind wir uns nun alle bewusst.

„Damit das Mögliche entsteht, muss immer wieder das Unmögliche versucht werden."

Was der Markt will, ja was die Kunden letztendlich wollen, ist in mehrjährigen Businessplänen immer schwerer zu verpacken.

Eins haben uns die Start-ups dieser Welt bisher (auf)gezeigt: Die New Economy, wenn sie eins kann, dann ist es Schnelligkeit, auch wenn nicht alles mit Erfolg gekrönt war.

Die Zeiten von jahrelangem Forschen in geheimen Laboren wird es weiterhin geben, sicherlich, aber bei bereits marktfähigen Produkten, die keine Raketenwissenschaften sind – womit man heute noch Geld verdient –, wird es auch in naher Zukunft eine disruptive Wandlung geben.

Auch der Einkauf (im Einkauf liegt ja wohlweislich der Gewinn) ist mit seinen „Savings" irgendwann am Ende der Fahnenstange angekommen.

Die Ingenieurskunst wird nicht in Abrede gestellt, sie ist unbestritten ein Maß aller Dinge, doch die Zeiten von Walkmans und Videorekordern ist halt eben vorbei. Heute streamt man Musik und Filme, und dies tut man bei Unternehmen aus der New Economy.

Es gibt aber auch die Produkte, die nicht immer innovativ sein können. Sie können nur verbessert werden, neue Materialien können hinzukommen, neue Features, doch am Ende ist eben ein Papiertaschentuch halt nur ein Papiertaschentuch.

Doch genau hier setzt auch die Digitalität an, die Mobilität, d. h. der Weg zum Kunden – ja gefunden zu werden im World Wide Web – was es neu zu definieren gilt, denn auch dies ist Digitalisierung. Wertschöpfungen auf allen Ebenen und Stufen werden zur Pflicht der Innovationskultur und sind nicht allein die Kür. Doch um dies zu begreifen, muss man wieder lernen anders zu denken – ganzheitlicher.

Das Kaufinteresse steht nicht mehr allein im Mittelpunkt, es ist der ganze Circle of Life, den die Kunden und der Markt mit seinen Bedürfnissen bedient haben wollen. Anwendervideos, Marktplätze, Werbekampagnen und Preisportale bis hin zu Kundenbewertungen gehören ebenso in die Sichtweise der Wirtschaftskette wie die Nachhaltigkeit und Sicherheit.

Es geht darum, neu nachzudenken, zuzuhören, zu beobachten, was der Kunde will, was es für den Kunden kann, wie es benutzt wird, was es gegenüber anderen kann und was es morgen können muss.

Und dies kann nicht allein von ganz oben kommen. Es kann nicht durch wenige diktiert werden, es muss aus den Reihen kommen, die auch betroffen sind – die auch Kunden, Anwender, Verwender, Nutzer und Benutzer sind –, die Mitarbeiter und Mitarbeiterinnen, die Partner und Zulieferer.

Es muss von denen kommen, wo es viele unterschiedliche Sichtweisen gibt aufgrund der unterschiedlichen Lebens-, Arbeits- und Denkweisen.

Es gilt, die Wertschöpfungskette neu zu definieren, eben auch über alle Abteilungen hinaus, multidisziplinär und gemäß dem Motto: Trial and Error. Denn *Versuch macht nachweislich klug*.

Es müssen alte Krusten aufgebrochen werden, bekannte Prozeduren und Rituale ausgeblendet werden. Der gute alte Drahtesel bleibt im Keller stehen, und das Pedelec mit seinem kleinen Bruder, dem E-Roller, kommen nun hervor.

Das ist nicht einfach. Wie bereits gesagt, die Eitelkeit oder die Ängste los- und zuzulassen ist dabei noch das geringste Problem.

„Die größte Gefahr der Innovation sind die Tradition und die, die meinen daran festhalten zu müssen."

Traditionen sind toll, ohne Frage, doch sie gehören in „die Momente", die bewusst gelebt werden, z. B. bei Weihnachtsfeiern, Jubiläen und anderen Anlässen, um sich zu erinnern, um für einen Moment innezuhalten. Man kann und soll stolz darauf sein, auf das Geleistete, und dankbar denjenigen, die es vorangebracht haben, sonst würde man heute hier nicht stehen.

Doch Traditionen hinter abgeschotteten Werkstoren sind im 21. Jahrhundert nicht das, was die Welt von morgen erwartet. Zukünftige Wertschöpfung entsteht nicht auf den Spielfeldern der Vergangenheit.

Es läuft doch. Es war nicht alles verkehrt in der Vergangenheit. Wir sind doch erfolgreich gewesen und sind es heute noch zum Teil. Wir haben gute Produkte, und wir sind eine Marke. Digitalisierung! Ja sicher, das machen wir, das macht bei uns die IT. Wir bekommen regelmäßig ein Update.

Doch hier liegt der Trugschluss. Die digitale Transformation betrifft, wie gesagt, nicht nur einzelne Abteilungen, sie betrifft ganze Strukturen und ganze Unternehmenszweige – ja ganze Versorgungsketten.

Digitalisierung steht als Oberbegriff im 21. Jahrhundert für Veränderung. Digitalisierung hat nicht allein etwas mit den EDV-Systemen der Unternehmen zu tun. Digitalisierung heißt vernetzen, und vernetzen heißt nicht gleichlautend mit (WLAN-)Kabeln, Apps und Schnittstellen. Nein.

Vernetzen heißt auch verbinden, und verbinden können sich auch die Menschen und ganze Systempartnerschaften mit ihren Versorgungskonzepten.

Um kein Missverständnis aufkommen zu lassen, Unternehmen mit Tradition sind toll, denn sie beweisen eins, es gibt sie schon lange, und sie haben schon Zeiten mitgemacht, in denen man *mit der Zeit gehen musste.*

Sie kennen die industriellen Revolutionen, und manche haben auch schon alle drei hautnah im letzten Jahrhundert miterlebt. Doch die Momente der Wahrheit, wo die Investition allein in den Maschinenpark und die Glasfaserkabel geht, gilt nicht mehr allein als Garantie dafür, zukunftsfähig und hipp zu sein.

„Innovation kommt vor Produktion, und Wertschöpfung kommt vor Gewinn." Das Know-how und die Leistungsbereitschaft der Mitarbeiter und Mitarbeiterinnen machen *das Salz in der Suppe* aus.

Tradition kann eben auch zum Bremser werden, erst recht, wenn es im Unternehmen zu Generationskonflikten kommt. Die Zeiten von Frack und Zylinder sind vorbei, ebenso aber auch die der Flower-Power und der Schwarz-Weiß-Fernseher. Hier muss zeitnah gegengesteuert werden.

Doch wer kann das Unternehmen nun neu ausrichten, wer kann es antreiben, um umzuschwenken, sich zu verbreitern, sich zu entwickeln, ja teilweise sich sogar zu erneuern?

Wer bringt das Unternehmen nun am Ende des Tages zum „Fliegen", zur neuen Wertschöpfung?

Wir halten fest: Der Wille der Veränderung muss zwar von oben kommen – ohne Frage. Sie müssen agieren, sie müssen die Innovationskultur in der Firma durchsetzen, gestalten und klares Bekenntnis zeigen und proklamieren, doch müssen sie auch die direkten (Voraus-)Denker und Lenker sein?

In diesen Momenten die Pflicht und Kür zu vereinen, *„Verpflichtung schafft Freiraum für Neues"*, und dabei das Tagesgeschäft zu wahren ist auch eine dieser Schwierigkeiten. Alles tun, damit es zu keinen Krisenzeiten kommt, alles tun, um weiter rentabel zu sein, hört sich so selbstverständlich und einfach an, wenn da nicht die anderen wären.

Erfolge der Vergangenheit feiern, sich an den *Pokalen erfreuen,* ja, aber bitte nur in bestimmten Momenten. Denn wer das täglich tut, sich ausruht, läuft Gefahr, Kundenbeziehungen zu verlieren.

Kein Unternehmen, keine Firma sollte sich der Hoffnung hingeben, der *verlorene Sohn oder die Tochter kehrt* schon wieder zurück. Zögern, abwarten, beobachten und erst mal schauen kann bedeuten irgendwann hinterherzurennen. *Olympia-Werke für immer ade.*

Oder dann auf den fahrenden Zug aufzuspringen ist mehr als sportlich, es kann sehr böse enden, da die Ruhe und Stetigkeit für klare Entscheidungen fehlen. Es ist Hetze und kein Fortschreiten.

Nicht alle Mitarbeiter und Mitarbeiterinnen haben sicherlich das Talent eines Daniel Düsentriebs oder eines Albert Einsteins, doch manchmal reicht eben der eine Stein, der angestoßen werden muss, welcher die ganze Innovationskette in Bewegung bringt.
„Die Vergangenheit kennen. Die Gegenwart leben. Und die Zukunft gemeinsam gestalten."

Das Gute im Menschen

Wer soll es also machen, wer wird Treiber, wer Entscheider und wer Motivator?

Meist liegt das Gute doch so nah, und warum sollen die neuen Denkfiguren, die Gestalter nicht doch plötzlich zum Teil in den eigenen Reihen sein?

Aber ja, zuvor muss es in den Unternehmen ein neues Verständnis geben. Ein Verständnis und eine Verhaltensweise, die Ängste nimmt und keine aufbaut.

Bereit sein mit Ritualen zu brechen, Vertrauen zu schenken und Lust zu machen auf die neuen Dinge.

Eine Animation und Aufforderung, seine Komfortzone zu verlassen, um sich heute Gedanken zu machen über das Überübermorgen.

Für den einen ist es die Dieselkrise, für die anderen der Startschuss in eine gesündere Welt.

Innovationskultur mit Zukunft disruptiver Neuerungen, mit Fortschritt und steigender Wertschöpfung über alle Ebenen, ja gerne, aber bitte *nicht* nur einmal, sondern als stille Revolution mit einer gelebten Kultur der Zusammenkunft.

Mit einem Kick-off von wenigen „Ab morgen machen wir alles anders" wird es nicht gelingen.

Zum Start als stille Revolution, um Leuchtturmprojekte zu (er)finden, okay. *Aller Anfang ist schwer.*

Doch dann bitte im Wochenrhythmus, auf Kanälen, Fluren und Ideeninseln, wo die Kreativität Raum und Anerkennung findet. Best Practice von morgen.

Raum finden heißt auch nicht eine Blackbox an der Wand, denn auch dies stammt aus der Zeit von damals. Raum finden heißt, Ideenboards, Team-Meetings, wo jeder sein Wissen kundtun kann (soll), seine Ängste mitteilen, aber auch Ideen und Sichtweisen, ob alt oder jung, ob 40-jähriges Dienstjubiläum oder Praktikant.

Die stille Revolution erfolgt ohne Big Bang und auch nicht hinter verschlossenen Türen einer bestimmten Abteilung. Still soll bedeuten mit Ruhe ohne Hektik, „Jetzt stellen wir eben **nicht** alles zwangsläufig auf dem Kopf", sondern wir hinterfragen zunächst und schauen, wo es Sinn macht und wo eben (noch) nicht.

Wir wollen Best Practice mit Pilotcharakter, und das einfach, effizient und pragmatisch ohne große Investitionen. Warum? *Weil einfach manchmal einfach ist. Einfach smart.*

Warum also es nicht einfach mal (aus)probieren mit der Wertschöpfung, mit der Innovationskultur als kontinuierlichem Verbesserungsprozess? Als DIE stille Revolution.

Ohne große Businesspläne und Return on Investment, sondern mit Vertrauen in den Menschen und seine Prozesse. Die Fähigkeit, seine Routinen selbst zu kennen und zu verbessern. Wissen kundzutun und „mit"zu„teilen" und ein Teil seiner eigenen Zukunft zu sein, und zwar nicht als Beobachter und Befehlsempfänger, sondern als hörbarer Gestalter.

Das Gute daran wird sein, es sprudelt plötzlich an Ideen, die vielfältig sind, da die Hierarchien gehört werden, miteinander reden und nicht mehr übereinander.

Ideen von neuen „disruptiven" Produkten, schlanken Prozessen, Transparenz, Risikoabsicherung, weniger Stillstand, weniger Worst Case, mehr Offenheit, Kommunikation zum Kunden hin, Mehrwerte und am Ende den Überblick zu wahren für das Ziel: WIR SCHAFFEN DAS.

Tradition mit Innovation, Alt und Jung, die Erfahrung mit dem Charme der Naivität – wieso es nicht mal anders probieren, sind ein nicht zu unterschätzendes Team – in manchen Hollywoodfilmen immer wieder sehenswert zu erleben. Die Kombination aus Erfahrung und jugendlicher Neugier eben.

Sie bilden die Säulen der neuen Innovationkultur, sie bilden das Gerüst zur Digitalisierung, wie auch immer diese ausfällt.

Wertschöpfung ist nicht der Erfolg eines Einzelnen, einer einzigen Abteilung, eines einzigen Standorts, Wertschöpfung ist eine Teamleistung. Ein Teamspirit.

Die industrielle Revolution „Digitalisierung" und als Nebenprodukt die flexiblere Produktivität, durch Lean Production, Smart Factory und die Online-Sichtbarkeit beim Kunden, sind nur gemeinsam zu erarbeiten und zu lösen, da die Menschen dahinter ein Teil dessen sind. *Mittendrin statt nur dabei.*

Auf der einen Seite die Geschäftsprozesse, wo direkt die IT-Systeme eingreifen und unterstützen. Auf der anderen Seite neue Technologien, die erst einmal mit hohen Kosten und viel Zeitaufwand implementiert werden müssen. Und zum Schluss, die, die diese Welten in eine digitale Transformation vereinen – die Mitarbeiter und Mitarbeiterinnen.

Das *Gute im Menschen* ist sein Know-how, die Erfahrung, das Wissen und sein Wille, in Momenten der Wahrheit seine stillen Ressourcen zu nutzen.

Wenn der Liter Milch um 0,10 Cent teurer werden soll, gibt es einen Aufschrei, der durch die Presse geht, aber ein iPad, womit im Grunde genommen nur ein kleiner Teil seiner Möglichkeiten genutzt wird, will eben (fast) jeder haben … egal was es kostet.

Die Aufgabe ist somit definiert: Die Old Economy mit Autos, Maschinenbau und Massengütern muss den Flair und den Pragmatismus der New Economy, mit ihren, zum Teil, immateriellen Bits und Bytes, nicht greifbaren Dingen und Philosophien, verbinden und vereinnahmen.

Die Struktur und die Kultur im Unternehmen müssen gestaltet werden, sowie die Wahrnehmung und Kommunikationsmöglichkeit auch außerhalb der Werkstore.

Es zählen eben nicht mehr allein die CD und die Stereoanlage, um Musik zu hören, es sind eben diese digitalen Innovationen aus der Start-up-Szene, die die Produktionswelt herausfordern und revolutionieren.

Das heißt, auch das Streamen von Musikvideos gehört heute zum Interesse der Community, oder für die ältere Fraktion: das Umwandeln der alten Lieblingsplatte (für die Digital Natives: Das sind die großen runden schwarzen Dinger aus Vinyl mit einem kleinen Loch in der Mitte, womit man früher Musik gehört hat) in eine MP3-Version durch einen digitalen Schallplatten-Converter.

Diese neue Welt fordert und nutzt diese neuen „Produkte und Dienstleistungen", sie gehören zum Alltag wie eben die Luft zum Atmen.

Nach A kommt B, und nach B ist eben nicht Schluss. *Get ready to rumble.*

Die Old Economy und ihre alte Gesetzmäßigkeit: Qualität setzt sich durch, abgesichert durch ein Patent für die nächsten 20 Jahre, ist kein Garant mehr für die Zukunftsfähigkeit eines Unternehmens wenn der Markt dieses eben nicht mehr fordert.

Schade um dich, du doch so zuverlässige Olympia-Schreibund -Rechenmaschine mit deinen tollen Patenten, was war da nur geschehen?

Nicht fehlende Investitionen in Maschinen haben euch besiegt, es waren die Ideen und der Wille, was Neues zu machen, mal was anderes zu wagen, um so seine Produktpalette zu bereichern.

Letztendlich vielleicht auch der fehlende Mut, seine Komfortzone zu verlassen und sich auch in guten Zeiten mit den möglichen schlechten Zeiten zu befassen.

Doch nun bricht ein neues Zeitalter an, wo Kunden, Lieferanten und Hersteller durch die digitale Welt näher zusammenkommen, ja sie vernetzen einander, sie bauen Schnittstellen, sie suchen gemeinsam Lösungen. Die Zeiten von *Pistole auf die Brust* von manchen Verantwortlichen sind vorbei, auch dies ist Old School.

Es sind nicht mehr allein Systempartner, die einen **nur** beliefern, es sind Innovationspartner, die auch das Recht haben sollten, Verbesserungen und Erkenntnisse kundzutun, denn am Ende leben sie ja auch vom Erfolg ihrer Kunden.

Sie sollten sogar die Verantwortung haben, sich ihren Kunden zu offenbaren, wenn es Mittel und Möglichkeiten gibt, die Wertschöpfung zu steigern oder Risiken zu minimieren. Nicht der Moment zählt, sondern die Fähigkeit, die Zukunft zu gestalten. Fest steht, es gibt keinen, der sagen kann, was die richtige Entscheidung ist, welches der richtige Weg.

Allzu gerne hört man in solchen Situationen auch nicht auf den Propheten im eigenen Land, weil man der Meinung ist, lieber eine Expertise von außen als die alte Leier von Innen. *Neue Besen kehren gut.*

Sicherlich, manchmal ist es ratsam, sich neue Ideen und Freidenker aus dem fernen Land zu holen, sie denken nicht in Problemen, in Traditionen und Hierarchien – aber bitte mit sachkundigen Erkenntnissen und keinen weltfremden PowerPoint-Charts gepaart, mit denglischen Floskeln aus Übersee.

Auch bei den Zulieferern, den „Lieferanten", gibt es des Öfteren auch mal den Blick des Dritten, der nicht unrecht hat, und wenn es nur um die Abschaffung von Dummy-Artikeln geht, damit die Schnittstellen der Systeme besser funktionieren.

Und wundert euch nicht, liebe Lenker und Denker, auch sie wissen Bescheid über Industrie 4.0 und den 3D-Druck. Sie wissen, woraus sich das Internet der Dinge zusammensetzt, wie Drohnen fliegen und soziale Netzwerke und Youtube-Kanäle funktionieren.

Die Frage, die jedoch für jedes Unternehmen im Raum steht, ist, passen alle diese Überlegungen und Vorschläge der Neuzeit in die System- und Kulturlandschaft des eigenen Unternehmens?

Am Ende dann auch zu den eigenen Kunden, zu der Branche und vor allem, zu den Mitarbeitern und Mitarbeiterinnen, also zu den vorhandenen Generationen und deren Denkweisen?

Es reicht auch nicht aus, einfach einen neuen Mitarbeiter, eine neue Mitarbeiterin einzustellen, ja sogar eine neue Abteilung zu gründen, Weiterbildungskurse anzubieten, wenn man nicht weiß, was zu einem passt, was das Ziel, der Weg dahin ist – geschweige denn werden soll.

Hier gilt der Grundsatz: Erst die Hausaufgaben machen und Grundlagenforschung betreiben, Ideen sammeln und Handlungsbedarfe ermitteln, um dann seine „Flügel" wachsen zu lassen.

Es reicht nicht aus, einen fremden Propheten ins Haus zu holen, der Visionen und Szenarien in schönen klein gedruckten Grafiken präsentiert: *Bei der Etablierung einer Digital-Value-Strategie ist der Fokus auf die Customer Journey zu legen.* Nein, globale und pauschale Aussagen ohne Bezug auf das eigene Geschäft sind nicht zielführend. Und schon gar nicht, wenn man nicht die Grundprinzipien der neuen Welt kennt und die Grundphilosophie im Unternehmen: Wo muss ich handeln, und wo erst mal nicht?

Helmut Schmidt sagte einmal: Wer Visionen hat, sollte zum Arzt.

Es zählt eben nicht allein die Vision, es zählt auch nicht die Leidenschaft, allein **der Wille,** es wirklich zu wollen, bringt die Veränderung und die Begeisterung, seine Komfortzone zu verlassen.

Auch hier soll kein falscher Eindruck entstehen, es ist manchmal sinnvoll, Externe ins Boot zu holen. Sie sehen, sind unbefangen und frei in der Denke, doch sie sollten als Mentor agieren und nicht als Prediger ohne Bezug zum eigenen Unternehmen, der Branche oder dem Geleisteten.

Zeiten der Überforderung durch Panikmache und drohenden Zeitverlust sind auch nicht angebracht. Ebenso die Überfrachtung mit plakativen und schwer greifbaren Aufbruchsslogans oder Bildern mit dem Gipfel eines Berges und den roten Pfaden dorthin.

Als Mentor stehen sie mit genügend Abstand zu den Anforderungen, betrachten diese, begutachten, um dann aus neutralem Blickwinkel die Teilnehmer mit den richtigen Hilfsmitteln zu animieren und zu motivieren die eigenen Wege zu finden und zu definieren.

Auch das Miteinander muss erst mal wieder gelernt sein, aus Zeiten kommend von Kostenstellen, Return on Investment, Soll-Ist-Vergleichen, Profitcentern und „Die-da-oben-Strukturen".

„Wenn du kreative Leute fragst, wie sie es gemacht haben, fühlen sie sich ein bisschen schuldig, weil sie es nicht wirklich getan haben, sie haben nur etwas gesehen."

KAPITEL 4

Firmeneigene Start-ups

Die Old Economy mit ihrem Takt- und Bandsystem verliert an Bedeutung, sie wird durch agile und modulare Produktionsmodule und Prozesse ersetzt – siehe aktuell die Automotive-Industrie, die auf einer Linie Verbrennungsmotoren und E-Mobilität produzieren will, ja muss, um weiter wettbewerbsfähig zu bleiben.

Die Produktionssysteme 4.0 sind geprägt durch geringe Durchlaufzeiten, kaum Rüstzeiten, flexible Modulfertigungen, auf denen „jedes" Produkt gefertigt werden kann. Papierlose Fertigungsaufträge, intralogistische Prozesse, Materialversorgung der Produktion per Knopfdruck, automatisierte und transparente Prozesse sowie keine ungeplanten Stillstände und Störungen durch Materialengpässe.

Auch wenn es am Ende des Tages doch nur ein Papiertaschentuch mit etwas Kamille oder Aloe Vera bleibt, ohne disruptive Innovation, dann aber bitte mit dem besten Profit, den es nur gibt, dank einer schlanken und agilen Produktion.

Der Schlüssel zum Erfolg liegt darin ... es einfach getan zu haben.

Doch woran hapert es bei den meisten im Unternehmen, es nicht einfach zu tun?

Es ist eben so, ein Team braucht auch immer einen Leader/ Trainer/Mentor, insbesondere in Zeiten der Unstimmigkeiten und Unsicherheiten. Die, die das Team wieder auf den Wachstumspfad zurückführen, an die Aufgabe erinnern, an den Teamspirit, pragmatische Lösungen zu finden und keine detailverliebten Nichtigkeiten und Persönlichkeiten.

Sag nicht, warum es nicht geht, mach dir lieber Gedanken, was wir brauchen, damit es gehen kann.

Schubladendenken ist von gestern, ebenso zu glauben, die Herausforderung „Wettbewerbsfähigkeit Zukunft" und mit ihr die Digitalisierung seien nur von einer (IT-)Abteilung zu meistern.

„Höher. Schneller. Weiter. Geht nicht endlos, aber anders, ja, anders geht immer"

Und plötzlich sind sie da, die firmeneigenen Start-ups, die Entwicklungszentren mit Lounge-Ecken, Tischkickern und Outdoor-Treffpunkten.

Nicht harte Business-Cases stehen im Mittelpunkt mit Umsatzzielen und Break-even-Erwartungen, sondern Geschäftsideen, die einfach und smart umgesetzt werden können, Produktvariationen, die keine großen Investitionen schlucken, Produkte, die jeder will, und letztendlich Innovationen, die Zukunft (ver)sichern oder mehr Rentabilität durch Flexibilität und schlanke Prozesse.

Start-ups entstehen, sie leben eine Strategie, sie beginnen mit dem KVP – der stillen Revolution, aber nicht im kleinen Kämmerlein, sondern sie nutzen das **gesamte Unternehmensnetzwerk**.

Sie sind Freidenker und Interviewer, sie atmen den Geist der Entdecker, Pioniere und Erfinder. *Hallo Marco Polo, Columbus, da Vinci, Einstein und Co.*

Sie sind offen, beweglich und leben vom ständigen Austausch mit Kollegen und Kolleginnen, um von deren Wissen, Ideen und Nöten zu profitieren. Nicht aber um sich selbst zu profilieren, sondern dieses in die Gruppe zu tragen, um so die Innovationskultur zu fördern.

Der aktive Austausch, das „Mit-Teilen" des eigenen Ichs, bedarf jedoch der Anreizsysteme und Rückendeckung, welche das spätere Ergebnis der Gruppe in den Vordergrund stellen. Keine Restriktionen, keine Neidkulturen, sondern Fusionen und Symbiosen, wovon alle später partizipieren. Eine Blackbox der Neuzeit, offen für jedermann.

Solch ein Freibrief beinhaltet aber auch Gefahren, denn Streitigkeiten über die Ebenen hinaus oder Verlustängste, Abrechnungsszenarien sind klar zu unterbinden und selbst auferlegte Regularien für alle bindend. *Respekt ist keine Eigenschaft, Respekt ist ein Verhalten.*

Es geht nicht um den Einzelnen, es geht um einen digitalen Transformationsplan – eine stille Revolution für die fünfte industrielle Generation, wo man nicht vom Markt verdrängt wird, schon gar nicht als Traditionsmarke. Es geht um den Teamspirit, die Mannschaft als Ganzes, die das Ziel vor Augen hat, als Gewinner vom Platz zu gehen. Wo der Trainer die Taktik vorgibt, aber auch den Freiraum lässt, das Spiel sich selbst zu gestalten gemäß den aktuellen Gegebenheiten. Wo das Management vollstes Vertrauen in Trainer und Spieler setzt, den finanziellen Rahmen gibt, um zu investieren, zu probieren, den Raum, die Strategie zu entwickeln und Spieler und Trainer eine Mannschaft werden zu lassen. Wo letztendlich konditionell Ausdauer trainiert und Taktikdenken gelernt wird. Woche für Woche aufs Neue, um an dem gesteckten Ziel (Marktführer, Produktneuheit, Rentabilität, Zukunft) festzuhalten und dafür kontinuierlich zu arbeiten. *Trainieren heißt konditionieren. Lernen heißt verstehen.*

Was nun fehlt, sind die Macher und nicht zwingend die Strategen, zu oft dominiert noch der Wille, die Hundert-Prozent-Lösung etablieren zu wollen und alles nur von der theoretischen Seite zu sehen anstatt von der pragmatischen. Warum die Angst vor zunächst Stand-alone-Lösungen?

Der Big Bang mit integrierten Workflows in eine ganzheitliche Digitalstrategie, von der Personalabteilung über den Vertrieb zur Forschung und Entwicklung, vom Einkauf und Supply Management bis hin zur Lean Production, d. h. von heut auf morgen fit zu sein für die zukünftigen Herausforderungen und das mit dem höchstmöglichen Benefit, geht zunächst nicht ohne Stand-alone-Lösungen, die Leuchtturmprojekte, die Best Practice.

Die Automobilhersteller dieser Welt produzieren auch nicht aus dem Stand ein neues Modell, ohne vorher die Teststrecken und Prüfgelände hoch- und runtergefahren zu sein mit Tausenden von Kilometern.

Sicher, mit der Einführung eines neuen ERP-Systems kann es schon mal diese Vernetzung geben, auch dass Dame Pepper mit Schweißroboter Fred kommuniziert. Doch wie viel Jahre will man sich für die Auswahl der richtigen Mittel und Wege der Struktur-Digitalisierung geben und wie viel Jahre der Integration mit etlichen fremden Philosophen, bis die neue Philosophie „angekommen" ist?

Pragmatisch anstatt statisch. Das bedeutet, das Innovationsteam (die Mannschaft) mit dem Leader (Trainer) probiert mit kleinem Budget viele neue Ideen (Taktiken) aus, implementiert Stand-alone-Lösungen (Standardsituationen) und reflektiert diese anschließend bewusst (im Kadergespräch), um so die eine oder andere Idee (Spielsituation) wieder zu verwerfen, weil wichtige Bestandteile (Spieler) oder Prozesse (Spielzüge) noch fehlen.

Es werden kontinuierlich Prozesse, Szenarien und Prototypen gebaut, die schnell und einfach implementiert werden können. Ein Team aus internen erfahrenen und fachlichen Personen, unterstützt durch Anforderer, Entwickler und Testpiloten (jung oder alt) sitzen zusammen in einem Raum, legen selbst ihre Absichtserklärung und dessen Regeln fest und starten mit dem „Mit-Teilen", um die Lösung zeitnah zu etablieren.

So entsteht visuell viel Neues, aber auch in der Realität, Räume für Kommunikation, Austausch und Entwicklung, eine Plattform für Innovationen, für moderne Produkte oder rentable Prozesse.

Dies ist die Herausforderung, die Kompetenzen des Einzelnen so zu integrieren und zu vernetzen, dass ein Nutzen für jeden Beteiligten und letztendlich für das Unternehmen selbst entsteht. Das ist wahre Wertschöpfung auf allen Ebenen. Das sind menschliche Kompetenzzentren.

Und das ist unser Innovationsteam, unsere Helden in Schwarz-Weiß:
Die Produktmanager (Abwehr) aus Forschung & Entwicklung, sie müssen ständig prüfen, welche Produkte und Services gut in der Zukunft beim Kunden ankommen, welche entsprechend aus dem Portfolio genommen werden müssen, welche technischen Raffinessen es zu lösen gilt.

Die Arbeitsvorbereitung (Mittelfeld) muss die Produktionsabläufe so anpassen, dass die neuen Vorgaben so kostengünstig und zeitnah wie möglich umgesetzt werden können.

Der Einkauf (Trainerteam) muss zur rechten Zeit, am rechten Ort, in der richtigen Art und Weise die Bedarfe zur Verfügung stellen. Kostengünstig und risikominimiert, selbstredend, denn *im Einkauf liegt der Gewinn*.

Die Personalabteilung (Medizinische Abteilung) muss zusehen, dass alle im Boot sitzen, fit sind und auch die Fähigkeiten besitzen, den Anforderungen von morgen gerecht zu werden.

Das Marketing (PR-Abteilung) bringt das Team in Position, sie schaffen die Aufmerksamkeit bei den Kunden (Fans) und Lieferanten (Sponsoren), um die Begeisterung zu wecken.

Und *last but not least*, **der Vertrieb** (der Sturm), der diese neuen und innovativen Produkte an den Markt bringen muss, gewinnbringend selbstverständlich und gefördert durch die pfiffigsten Marketing-Ideen, die es je gab. Manchmal ist ein rotes Gummibärchen eben doch mehr viel mehr wie nur ein Gummibärchen.

Diese gelebte Innovationskultur schließt die Schaffung von Kreativzonen in Büros mit ein, den Aufbau offener Strukturen, wo es keine Schreibtischformationen mehr gibt, sondern mitarbeitereigene Diskussionsrunden, „Round Tables", wo Rang und Name keine Rolle spielen.

Out-of-the-box-Denker – die Unternehmensleitung muss identifizieren, wer bereitwillig ist in diese neue Welt abzuheben. Wer hat die Fähigkeiten, die persönlichen Ressourcen so weiterzuentwickeln, dass das „Fliegen" möglich ist und Spaß macht?

Was müssten das für Individuen sein:
- Es müssen Mitarbeiter und Mitarbeiterinnen sein, die über eine gute Reputation in der Firma verfügen,
- deren Know-how über Abteilungen hinaus anerkannt ist,
- die bei aufkommenden Widerständen über starke Moderations- und Kommunikationsfähigkeiten verfügen, aber auch den Willen haben, gestalten zu wollen und nicht nur Traditionen in Stein zu meißeln,
- die ihre Veränderungsbereitschaft schon häufig unter Beweis gestellt haben, insbesondere dann, wenn es darum ging, *der erste Mann/die erste Frau an Deck zu sein*,

- aber auch der Vermeintliche aus der zweiten Reihe (der Ersatzspieler), der plötzlich, wenn es drauf ankommt, seine Fähigkeiten findet und zielführend (mannschaftsdienlich) einbringt,
- der Stille aus der Ecke, der kein großer Redner und Präsenter ist, aber ein(e) Fachmann(frau) durch und durch; der, der „die richtige Schraube schon am Geruch erkennt",
- und der Neue, welcher sich unbefangen und kindlich naiv der Sache stellt und sie einfach mal offen hinterfragt.

Diese internen Persönlichkeiten, die sicherlich nicht immer auch gleichzeitig Führungskräfte und Teamleiter sind, sondern *alte Hasen und junge Wilde,* brauchen dann den Zuspruch und die Anerkennung, ein Teil von etwas Großem zu sein. Die erste Mannschaft, die zum Mond fliegt.

Digitale Transformation bedeutet Veränderung, und dazu müssen nicht nur die Unternehmen bereit sein, sondern eben auch die Mitarbeiter und Mitarbeiterinnen und deren Vorgesetzte selbst.

Der Aufbau, z. B. einer Smart Factory, mit einer digitalen Innovationskultur schließt alle Bereiche mit ein, ist ein fortwährender Prozess der Veränderung, und der Nährboden ist Entwicklergeist anstatt Angst.

Alle im Unternehmen haben nun verstanden, dass es bei der Digitalität und ihrer Transformation nicht darum geht, allein iPads und Touch-Monitore einzusetzen anstatt Papier.

Nicht um Maschinen, die selbstständig ihre Wartungszyklen überwachen und frühzeitig melden: Ich brauche Öl und einen Filter.

Schlanke Fertigungslinien zu etablieren, die alles und jeden integrieren, nur die Mitarbeiter und Mitarbeiterinnen nicht.

Die tollste und schnellste IT-Landschaft zu besitzen, wo jeder Geschäftsführer und Controller Beifall klatscht.

Nein, alle im Unternehmen haben verstanden, es geht um die Prozesse, um die Ideen, die zu Neuerungen führen, letztendlich das „Geld verdienen", aber auch zu gegebener Zeit die eine oder andere Maschine zu ersetzen durch Schweißroboter Fred und Servicedame Pepper. *Investitionen, wenn nötig, Schnittstellen, wo möglich.*

Und um ein selbstverständliches Nutzen der digitalen Instrumente und Plattformen. Die Chance gestalten zu können, gehört zu werden, um am Ende des Tages das Resultat in den Händen zu halten.

Ja stolze „Eltern" zu sein, ein wettbewerbsfähiges Produkt geboren zu haben oder einen Prozess, aus der Kernkompetenz eines jeden selbst, entwickelt auf multidisziplinären Kommunikationsebenen.

Eine Teamleistung, die ihresgleichen sucht. Eine Leistung, die den Pokal bringt.

„Die Zukunft ist nicht vorhersehbar, aber sie ist von jedem selbst gestaltbar."

Innovation und Fortschritt

Doch was ist nun Innovation, und was bedeutet fortschrittlich zu sein?

Ist es die Summe an Investitionen, die in der Bilanz stehen, oder ist es auch die Summe an Vertrauen und Zeit, die in die Menschen gesteckt werden? Die Beharrlichkeit festzuhalten?

Bedeutet Fortschritt die Umstellung von Papier auf digitale Medien?

Statt Dieselfahrzeuge mehr auf E-Mobilität zu setzen?

Das gute alte Lastenfahrrad mit dem E-Scooter auszutauschen?

Oder ist Fortschritt auch der Richtungswechsel im Führungsstil, im Umgang mit den Mitarbeitern und Mitarbeiterinnen, den Partnern, den Lieferanten, ja den Menschen in der gesamten Wertschöpfungskette?

Kann dieses letztendlich auch zum Erfolg führen?

Bodo Janssen – der Chef, den keiner wollte. Heute mehrfach ausgezeichneter Manager:

Zitat: Handelsblatt 21.06.2016 – Carina Kontio

Früher hatte Bodo Janssen nur Zahlen im Kopf, seine Mitarbeiter wollten ihn loswerden. Inzwischen ist er einer der beliebtesten Arbeitgeber. Die Hotelkette „Upstalsboom" des Unternehmers wurde mehrfach als einer der beliebtesten Arbeitgeber ausgezeichnet (TopJob, Human Ressources Award etc.). Doch der Weg zum empathischen Unternehmer war kein leichter. Janssen wurde als junger Mann entführt – eine traumatische Erfahrung. Als er später in den elterlichen Betrieb einstieg und der Vater kurze Zeit darauf bei einem Flugzeugabsturz starb, lag plötzlich alle Verantwortung in den Händen des 32-Jährigen. Das Geschäft lief gut. Doch Kündigungsrate und Krankheitsquote stiegen, Bewerbungen blieben aus. Eine Mitarbeiterbefragung war niederschmetternd. Auf die Frage hin: Was brauchen Sie, um besser arbeiten zu können?, antworteten die Mitarbeiter: Einen anderen Chef als Bodo Janssen.

„Ja, denn ich war sehr von mir selbst eingenommen und hielt mich für den besten Manager, weil ich das Unternehmen trotz widriger Umstände wirtschaftlich stabilisiert hatte. Der finanzielle Erfolg gab mir das Gefühl, alles richtig zu machen. Mir war nun klar geworden, dass ich gar keine andere Wahl habe, als mich der schlechten Stimmung im Unternehmen persönlich anzunehmen. Die Erkenntnis, dass der Fisch am Kopf, also bei mir und den weiteren Führungskräften, anfing zu stinken, war sehr ernüchternd. Also griff ich das Problem an, ging eineinhalb Jahre lang parallel zum operativen Geschäft regelmäßig ins Kloster und beschäftigte mich mit dem Führungsansatz Corporate Happiness, der auf Basis der positiven Psychologie Führungskräfte und Mitarbeiter dabei unterstützt, glücklicher zu werden."

Ist es nicht abwegig, die Erkenntnisse aus Spiritualität, Positiver Psychologie und Neurobiologie auf Unternehmen zu übertragen?

Es geht ganz pragmatisch darum, neue Verknüpfungen im Gehirn zu schaffen. Das kann ich versuchen, indem ich den Mitarbeitern etwas erkläre, aber dann sind sie ganz schwach. Sobald ich aber die Menschen selber etwas machen lasse, werden sie stärker. Nach dem Motto: Sage mir etwas und ich werde es vergessen. Lass es mich machen und ich werde es behalten. Wenn es dabei dann noch eine starke emotionale Komponente gibt, weil die Leute von etwas berührt werden, das ihnen total unter die Haut geht, werden sie das nie mehr vergessen. Das ist wirksamer als jedes Lehrbuch.

Corporate-Happiness-Workshops, Seminare zur Selbstreflexion und Selbstführung, Schulaufbau-Projekte in Ruanda, Abenteuer-Trips mit Azubis zum Kilimandscharo: das alles ist aufwendig und nicht ganz billig. Worin zeigt sich der Erfolg Ihrer Radikalkur im Unternehmen?

Für mich persönlich zeigt sich das an meiner eigenen Berührtheit, wenn ich glückliche Menschen sehe. Ob das nun meine eigenen Mitarbeiter sind oder Kinder in Ostafrika. Ganz pragmatisch ausgedrückt bedeutet Erfolg für mich die Anzahl, die ich weine beim Anblick eines glücklichen Menschen.

Aber Sie laufen ja jetzt nicht durch Ihr Unternehmen, sehen überall nur noch glückliche Mitarbeiter und weinen.

Nein, das mache ich nicht. Aber ich bin so dankbar für das, was ich von immer mehr Menschen zurückbekomme. Die glänzenden Augen, das bedingungslose Vertrauen, den Glauben an das, was wir machen, und die Begeisterung für das, wofür wir uns einsetzen.

Ein Credo von Ihnen lautet: „Führung ist Dienstleistung und kein Privileg." Worin genau besteht dabei Ihre Leistung?

Ganz pauschal ausgedrückt besteht der Dienst darin, die Menschen am Ende des Tages aufrechter wieder nach Hause gehen zu lassen, als sie morgens gekommen sind. Das gelingt, indem ich an sie glaube und ihnen vertraue. Die Dienstleistung besteht auch darin, achtsam zu sein und zu schauen: Wer bist denn du? Bist du gerade der Pinguin, der versucht, den Baum hochzugehen, oder bist du ein Wiesel? Und wenn ich gesehen habe, wer derjenige ist, mit dem ich zu tun habe, dann besteht die Dienstleistung darin, ihm im Unternehmen das Spielfeld zu geben, wo er seine Potenziale entfalten kann.

Macht jetzt bei Ihnen jeder nur noch das, was er will?

Wir schauen mithilfe der Potenzialanalyse, welche Fähigkeiten und Talente wir haben, wer welche Aufgaben übernehmen möchte, welche dann nicht abgedeckt sind und wen wir dafür suchen müssen. So gesehen ist es für uns zielführend, dass es keine Funk-

tionen und keine Positionen mehr gibt, sondern nur der Persönlichkeit entsprechende Aufgaben.
Ihre Herangehensweise funktioniert auch nicht in jeder Branche, oder?
Das kommt ganz darauf an und hängt stark damit zusammen, wie intensiv man sich mit den Menschen beschäftigt. Bei uns funktioniert es, weil die Mitarbeiter die Potenzialtrainings und Selbstfindungsprozesse mitmachen. Einige gehen sogar mit mir ins Kloster. Letztendlich geht es darum zu schauen, was das Talent meiner Mitarbeiter ist, was ihnen Freude bereitet und wie ich das abdecken kann durch die Aufgaben, die sie übernehmen. Ein weiterer wichtiger Punkt ist, dass ich den Menschen die Möglichkeit gebe mitzugestalten.
Verlängert das nicht die Entscheidungsprozesse, wenn Sie die Mitarbeiter überall einbinden? Was passiert in kritischen Situationen, wenn der Markt eine schnelle Lösung verlangt?
Indem ich die Mitarbeiter auch direkt entscheiden lasse, beschleunige ich doch den Prozess. Das ist das, worum es mir geht. Die Menschen zum Entscheiden zu ermutigen und zu befähigen.
Es gibt doch sicher noch Themen, wo Sie als Chef das letzte Wort haben, oder?
Wenige und es wird immer weniger ...
Worin liegen heute für Sie die wichtigsten Führungsaufgaben?
Menschen ermächtigen, ermutigen, begleiten und aufrichten.

Semco – Ricardo Semler, damaliger Geschäftsführer und Mehrheitseigner einer brasilianischen Maschinenbaufirma, ist ebenfalls bekannt geworden durch eine radikale Demokratisierung seines Führungsstil im Unternehmen. Die Philosophie: Wenn ich den Menschen Freiheit gebe, dann handeln sie auch selbstverantwortlich. Kontrolle ist eine Illusion. Mitarbeiter und Mitarbeiterinnen sollen zu Mitgestaltern werden und keine Befehlsempfänger sein. Gegenseitiger Respekt und Vertrauen sind die Basis der Zusammenarbeit. Der neue Leitgedanke im Unternehmen: nicht planen, keine Businesspläne aufstellen, sondern fragen, vertrauen und viele einbeziehen.

Das Resultat: Der Umsatz stieg rasant, von 4 Mill. US-Dollar im Jahr 1982, auf 212 Millionen im Jahr 2003. Gleichzeitig fiel die Fluktuationsrate auf unter 1 %.

Walter Gunz – ein Gründer von Media Markt und sein Buch „Ich ~~bin~~ war doch nicht blöd" (2013):
Zitate: Ein flammendes Plädoyer für Werte wie Vertrauen, Verantwortung und Liebe, die für Walter Gunz nicht nur die Grundpfeiler seines Lebens sind, sondern auch die Grundlage seines Erfolges.

Auf der Basis dieser Werte ist Arbeit keine Last, sondern Leben – und der Erfolg nur die logische Folge. Damit erteilt er starren Hierarchien, Planungsfetischisten und Jüngern der reinen Gewinnmaximierung, die heute die meisten großen Unternehmen beherrschen, eine klare Absage.

Dieses Buch gibt Einblick in die Firmengeschichte, das Entstehen eines Imperiums ohne übliche Machtstrukturen, den gelungenen Versuch einer Geschäftsidee mit etwas anderen, etwas schrägen Methoden ...

Passende Auszüge zu unserem Thema aus seinem Buch:

„Vertrauen, Selbstbestimmung und die Einbindung eigener Ideen führten zum verfolgten Ziel all derer, die in diesem Freundeskreis, der ehemaligen Karstadt-Mannschaft, am Aufbau mitgewirkt haben."

„Wir verstehen unsere Mitmenschen nicht, obwohl sie dieselbe Sprache sprechen."

„Unsere Bereitschaft ist das Einzige, was wir leisten können."

„Oft meinen wir bereit zu sein, und es kommt nichts. Wir warten darauf. Wir graben das eingepflanzte Samenkorn immer wieder aus, um zu sehen, ob es keimt. Doch dann keimt es nie. Nur in der Dunkelheit und der Ruhe findet es die Kraft."

„Gib der Inspiration des Augenblicks Raum, sich zu entfalten."

„Rückblickend gesehen war es so, als gehörten wir alle zu einer großen Familie. Was aber war das, was uns alle miteinander verband? Eigentlich geht es dabei um ganz einfache Dinge wie Vertrauen und Liebe. Man kann sie erfahren, spüren und sogar weitergeben."

„Das Aufgehen in der Aufgabe oder dem Spiel kreiert den leeren Raum in einem selbst, in den die Idee der Intuition einfallen kann."

„Leere ist die Voraussetzung für Fülle. Leere ist die Potenz des Raums, damit sich etwas zeigen kann. Leerheit ist nicht nichts. Die Leere, sagen japanische Zen-Meister, ist die Voraussetzung für die Fülle."

„Ist Erfolg planbar? Viele Menschen erhoffen sich Erfolg und Wohlstand im Leben. Der verantwortungsbewusste Mensch weiß aber, dass nur Arbeit und Leistung die ethische Grundlage dafür sein können – und nicht die Spekulationen."

„Ich hatte in dieser Zeit viel über den Handel gelernt und war Spezialist in Neueröffnungen. Meinen großen Erfolg erzielte ich mit unorthodoxen Arbeitsmethoden, unterstützt von einer wunderbaren Mannschaft."

„Damals habe ich eindrucksvoll erfahren, was man ‚Angst' vor dem Vorgesetzten nennt. Das hierarchische System bei Karstadt war auf Befehl und Gehorsam aufgebaut. Funktionalität ging vor Individualität. Freiheit des Einzelnen, Verantwortung, Freude und Spaß bei der Arbeit gehörten nicht zum Alltag eines Karstadt-Mitarbeiters."

„Was bedeutet Erfolg im Hinblick auf die Media-Markt- und Saturn-Story? Für diesen Erfolg gibt es viele Gründe: Wir haben nicht den Menschen in das Unternehmen eingebaut, sondern die Unternehmen um die Menschen herum entstehen lassen. Richtige Führung lässt den Menschen so sein, wie er ist ... Wenn man mit den Menschen in einem Unternehmen etwas ‚Großes' schaffen möchte, besteht dies in der Kunst, jeden Einzelnen in seiner Individualität zu verstehen."

„Man durfte auch Fehler machen, ohne ängstliche Konsequenzen befürchten zu müssen."

„Ganz wie in dem Film ‚Der Club der toten Dichter' (1989) durften die Mitarbeiter kreativ sein, Neues probieren und symbolisch auch ‚auf den Tisch steigen', um die Welt aus einer anderen Perspektive zu betrachten."

„Der produktive Umgang mit Misserfolgen ist immer eine entscheidende Voraussetzung für den Erfolg. Harford bringt es in seinem Buch auf den Punkt: Dem Prozess der Evolution gelingt der

Spagat zwischen der Entdeckung von Neuem und dem gründlichen Ausschöpfen von Vertrautem."

„Allein in der Elektro- und Elektronikbranche, in der ich tätig war, sind in Europa seit dem Zweiten Weltkrieg nahezu alle vormals führenden Unternehmen verschwunden oder zur Bedeutungslosigkeit herabgesunken. Ein paar Namen möchte ich da beispielhaft aufführen: Grundig, Telefunken, Saba, Blaupunkt, ITT-Schaub-Lorenz, Lenko, Dual, Braun und Graetz."

„In nahezu allen dieser einstigen Branchenriesen verwaltete man ausschließlich den Erfolg. Hierarchie und Bürokratie hielten in den Unternehmen Einzug. Aufgrund von überhöhter Selbsteinschätzung versiegte die Kreativität. So waren bald japanische, später andere asiatische Produkte bedeutend besser und billiger als deutsche."

„Nur, wenn das Management in einem Unternehmen bereit ist, das Errungene wieder in Frage zu stellen, wenn man Neues kreiert und Scheitern in Kauf nimmt, entwickelt sich nachhaltiger Erfolg. Aufgestaute Versäumnisse richtigen Handelns und rechtzeitiger Anpassung führen fast immer zum Aus. Die Anpassung eines Unternehmens an die sich ständig veränderten Anforderungen des Marktes muss kontinuierlich erfolgen, sonst entsteht ein Innovationsstau."

„Das Neue, das jeden Tag entdeckt werden muss, kann von jedem Mitarbeiter gefunden werden. Eine erfolgreiche Strategie für die Zukunft erfordert von einem Unternehmen, anpassungsfähige Strukturen aufzubauen. Nur so ist ein nachhaltiger Erfolg garantiert."

„Innovative, erfolgreiche Unternehmen – die Marktführer ihrer Branche – zeichnen sich dadurch aus, dass sie nicht Strömungen hinterherlaufen, sondern dass sie selbst Akzente setzen und selbst ‚den Markt machen'."

„Den meisten Menschen fehlt der Mut, sich vom Vergangenen zu lösen. Es ist sinnvoll, das Vergangene dem Schicksal zu überlassen und Verantwortung für das Neue, für die Zukunft zu übernehmen."

„Bei positiver Führung entsteht gewissermaßen ein Placebo-Effekt: Das entgegengebrachte Vertrauen und eine positive Erwartung an Mitmenschen und spezifischer an Mitarbeiter im Unternehmen weckt ungeahnte Potenziale. Diese bewirken eine Art Initialzündung."

„Kultur hat nie etwas mit Quantität zu tun, sondern immer mit Qualität … Kultur ist verwandt mit Kult. Kultur ist Handlung und Ritual."

„Erfolg kann nicht direkt angestrebt werden. Erfolg ist die Frucht von gutem und richtigem Handeln. Doch Zweifel und Misserfolge sind im Leben ebenso wichtig."

„Führen aus der Vision: Gelebte Vision ist der Weg der Bestimmung. Jeder hat seine individuelle Bestimmung und seinen Weg. Die Vision ist keine Erkenntnis, sondern eine Aufforderung zum Handeln Im Gegensatz zur Vision ist das Ziel etwas Konkretes. Ein Ziel ist messbar, ansteuerbar. Die Erreichung eines Zieles ist also im Äußeren feststellbar."

„In dem Moment, wo man kontrollieren will, versinkt man in der Analyse. Man zergliedert, und vom Zergliedern kommt man nicht mehr auf das Ganze. Damit ist die Kreativität vernichtet."

„Vor vielen Jahren begegnete ich in Japan Herrn Akio Morita, dem Gründer von Sony. Als Grund dafür, warum aus seinem einstigen Garagenunternehmen ein Weltkonzern entstand, nannte er mir, dass es in erster Linie an dem Vertrauen lag, das er seinen jungen Mitarbeitern geschenkt hatte."

„Erkenntnis: Fantasie ist wichtiger als Wissen, denn Wissen ist begrenzt. (Albert Einstein)"

„Die Marke ist, wie der Mensch, eine Persönlichkeit. Und die Strategie ist eine Folge der Persönlichkeit. Die Strategie ist nicht primär. Sie ist eine Folge des Weges, den ein Unternehmen oder eine Person gehen will."

„Moderne Markenführung heute bedeutet das Definieren der Identität. Was ist meine Zukunftsvision? Was möchte ich erreichen? Mit dieser Erkenntnis ist man auf der obersten Ebene. Von dort aus kann man jeden beliebigen Weg beschreiben, man kann ihn herunterbrechen auf die Unternehmenskultur und auf das Verhalten der Organisation, auf die Art und Weise der Einlassung der Prozesse und auf die Kommunikation."

„Eines der wichtigsten Themen in unserer Zeit ist Empathie. Dennoch ist Unternehmensführung heute zahlen- und faktengetrieben. Diese Zahlen und Fakten werden kontrolliert. Die Zahlen sind eine Verdichtung vergangenen Handelns, sagen jedoch nicht alles aus. Auch die Leistung wird bewertet anhand von Zahlen."

„Was es braucht, um die Seele, die Philosophie in ein Unternehmen zu tragen und für etwas zu stehen, sind ideelle Werte. Führungskompetenz zeigt sich heute in einem hohen Maß an Empathie."

„Der erfolgreiche Mensch findet die Zukunft, und er erkennt sie. Indem er sie erkennt, findet er sie. Und indem er sie findet, kann er sie gestalten."

„Abschied: Suchen, das ist Ausgehen von alten Beständen und ein Finden-Wollen von bereits Bekanntem im Neuen. Finden ist das völlig Neue – das Neue auch in der Bewegung. Alle Wege sind offen, und was gefunden wird, ist unbekannt. Es ist ein Wagnis, ein heiliges Abenteuer!"

Sicherlich werden jetzt einige Firmeninhaber, CEOs und Manager abwinken und sagen, *Vertrauen ist gut, Kontrolle ist besser,* und bestimmt haben sie auch recht, nicht in allen Unternehmen kann mit so viel Freigeist und Vertrauen umgegangen werden.

Was es in solchen Situationen eben auch geben muss, ist eine Bildung- und Kommunikationsoffensive, und zwar nicht im Umgang mit den modernsten CNC-Maschinen und 3D-Druckern, sondern im Umgang mit dieser neu gewonnenen Freiheit. *Verpflichtung schafft Freiraum für Neues,* und dieses will/muss auch erst einmal gelernt sein.

„Die Erfolge eines Unternehmens sind in Summe die Erfolge der Menschen dahinter."

KAPITEL 5

The Next Generation

Wenn nun alles steht, die Digitalisierungsstrategie, modernste Maschinen, die interne Kommunikationsplattform, das Start-up-Kreativ-Team, die multidisziplinäre Zusammenarbeit, die Methodik und Herangehensweise, die IT und auch das Verständnis der Menschen, die Entwicklung mitzugehen, was wird in Zukunft dann an Mitarbeiter-Profilen benötigt?

Wie wird die Zukunft weiter aktiv gestaltet, und vor allem, wer wird dieses neu entwickelte Konstrukt weiter mit Leben füllen und letztendlich damit umgehen, was die erste „Mondlande-Division" vorbereitet hat, damit alle anderen „fliegen" können, wenn es darauf ankommt.

Jeder kann sich in einen Formel-1-Boliden setzen und sicherlich ein Stück fahren, aber nicht jeder wird in der Lage sein, wenn es drauf ankommt, ein Rennen zu gewinnen.

Die Produktionsabläufe sind vielschichtiger geworden, eng aufeinander abgestimmt und zum Teil komplex getaktet und vernetzt, Verschwendung wird vermieden, und die Technik schreitet unaufhörlich voran. Roboterdame Pepper und Schweißroboter Fred bringen ihren Nachwuchs weiter zur Welt.

Durch die Industrie 4.0, welche schon lange nicht mehr eine reine Vision ist, ist die digitale Kommunikation von Maschinen, Werkzeugen und Werkstücken dank IOT pure Realität geworden. Gestern noch eine Vision, heute schon Alltag.

Damit auch in Zukunft die technische Schnittstelle und der Materialfluss reibungslos funktionieren, damit es nicht zum Stopp in der Entwicklung kommt, zum Bruch in der Innovationskultur, muss der Faktor Mensch weiterhin das Bindeglied der Digitalisierung sein. Das stärkste Glied in der Kette.

„The Next Generation" sind keine Mitarbeiter und Mitarbeiterinnen, die fertig aus dem Studium oder der Schulbank geholt werden. Sie sind Individuen, die als Eigengewächs den Bedürfnissen des Unternehmens nach ausgebildet und vorausschauend eingesetzt werden.

Auch dieser Blickwickel gehört zu den Aufgaben der Start-Ups, der Querdenker. Welche Ausbildungswege sind für das Unternehmen, ja für die Zukunft notwendig und wichtig? Welcher Spieler muss weiter aufgebaut werden, und wo fehlt es noch an talentierten Ersatzspielern im Generationskarussell?

Sicher, durch die derzeitigen gesetzlichen Vorgaben können keine wilden Ausbildungspläne neu entstehen, doch in Absprache mit den verantwortlichen Kammern und den öffentlichen Bundes- und Landesbehörden sind auch hier neue Ansprüche zu definieren und ggf. umzusetzen.

Letztendlich kann und muss auch jeder selbst seinen internen Unterricht so gestalten und Fortbildungskurse seinen Mitarbeiter und Mitarbeiterinnen anbieten, um weiter an der Vision „Zukunft" zu arbeiten.

Das Vier-Augen-Prinzip

Warum mal nicht? Warum auch mal nicht die Lieferanten und Zulieferer als Service-Partner auf Augenhöhe betrachten anstatt als reine Dienstleister, die sowieso viel zu viel Geld verdienen?

Das SCM – das Supply-Chain-Management, ist nicht nur ein Begriff, der auch immer wieder mal bei dem einen oder anderen strategischen Einkäufer fällt. Die SCM-Strategie ist die Logik für Roh-, Hilfs-, Betriebsstoffe, die Verfügbarkeit der A- und B-Komponenten, sowie ein C-Teile-Management welches gelebt und zum Teil auch digitalisiert werden muss.

Zum richtigen Zeitpunkt, in der richtigen Menge, am richtigen Ort zu liefern hört sich so leicht an. Doch jeder weiß aus sei-

nem Alltagsgeschäft, wie schwer es doch am Ende des Tages ist, aufgrund der heterogenen Produkte, Vielzahl an Lieferanten und Modellvariationen.
Black ist eben nicht mehr allein Beauty.
Warum also nicht, wie schon erwähnt, mal die Lieferanten und Zulieferer mit ins Boot holen und deren Blick von „draußen" mit einbeziehen, die, die das Unternehmen, die Branche und seine Funktionsweise genau kennen.
Welche ein Teil der Lieferkette sind und ggf. die Anforderungen und Lösung zur Optimierung bereits kennen. Welche Techniken und Schnittstellen kann es geben, sodass die Versorgungskette transparenter und sicherer wird? Dazu ein bestmöglicher Preis ohne Kapitalbindung durch immense Bevorratungen auf beiden Seiten und mit kalkulierbaren und akzeptablen Preisgleitklauseln für eine Versorgungssicherheit.
Über das Vier-Augen-Prinzip sollen alle Externe animiert werden, über einen initiierten **Lieferanten-Marktplatz** auch ihre Ideen und Vorschläge, ohne Wertung kundzutun. *Alle Gedanken sind frei.*
Das Start-up-Team organisiert und beginnt den Liefertanten-Marktplatz mit einer Präsentation der neuen Unternehmensphilosophie und den ersten Erkenntnissen aus den Ermittlungen der jeweiligen Abteilungen, die man interviewt hat. Die Leuchtturmprojekte, die man schon identifiziert und umgesetzt hat.
Das Zusammenkommen ist der Beginn, der erste Dominostein, der fällt; angestoßen durch die Vorgabe „Verpflichtung schafft Freiraum für Neues" entsteht eine kreative Kettenreaktion, die sich weiter auf- und ausbaut durch Stetigkeit und Beharrlichkeit.
Strukturiert in Gruppen, gemäß der Themenblöcke, werden die Service-Partner und Zulieferer zu den jeweiligen „Marktplätzen" geführt, und gemeinsam soll die Ist-Aufnahme besprochen und analysiert werden.
Im Gleichklang oder im Nachgang sollen (müssen) die Service-Partner ebenso Verbesserungen und Vorschläge unterbreiten, wie die Zusammenarbeit aus ihrer Sicht verbessert werden kann, damit auch in Zukunft Innovationen und Optimierungen entstehen können.

Im Vier-Augen-Prinzip werden so die internen Strukturen und Abläufe genau dargestellt, wodurch auch die Service-Partner für sich mögliche Reibungspunkte erkennen und ggf. auch verstehen lernen, wieso es bisher so war und ist, doch „morgen" nicht mehr sein wird.

Gewonnen hat eben nicht der oder die, die den besten Preis präsentiert haben, sondern die, die die eignen Ressourcen genutzt haben, wodurch „Fische plötzlich fliegen können".

Systempartnerschaften waren gestern, in Zukunft zählen Innovationspartner, welche über die Produktanforderungen hinaus die Unternehmen beliefern und mit einem Gedankenaustausch befeuern.

Beliefern mit Ideen, Techniken, Schnittstellen und Möglichkeiten, die am Ende die Zeit bringen, Innovationen und Prozesse zu optimieren und somit die Wertschöpfung selbst.

Auch wenn nicht alle Vorschläge überall und sofort in die Tat umgesetzt werden können, so geben sie doch Aufschluss darüber, was noch fehlt, oder über das, was noch kommen muss.

Die Chance für die Mitglieder der Lieferkette ist es dann, aus der großen Masse herauszutreten, aus der Vergleichbarkeit, durch Vorschläge und Möglichkeiten, um so die Partnerschaften zu intensivieren.

Nicht der beste Preis ist dann in der Smart Factory das Maß aller Dinge, sondern die Integration, die Flexibilität und die Risikoabsicherung.

Die digitale Transformation ist eben auch eine Gemeinschaftsleistung, die über die interne Sicht der Dinge hinausgeht, sowie die der Kundenbetrachtung und der Selbsteinschätzung.

Wer einmal eine Mannschaftssportart betrieben hat, dem wurde schnell klar, als Einzelner geht man schnell unter, auch als Superstar, wenn das Team nicht harmoniert.

Nur wenn man für seine/n Nebenspieler/in entsprechend kämpft und diese für den weiteren, verspüren alle den Teamgeist, den „Spirit", und das führt am Ende zum Erfolg.

Wer sich dieser Verantwortung bewusst ist und das Vertrauen, das man ihm schenkt, nicht missbraucht, der wird ein Teil der Innovationsgemeinschaft sein und somit eine Säule des Erfolgs.

Produktivität steigern, Erfolge sichern – nicht durch Reduktion, sondern durch clevere Disruption.

Disruption ist nicht immer technologisch zu sehen, wie ein USB-Stick oder die 12–Megapixel-Kamera in den Smartphones.

Nein, Disruption kann eben auch das Fundament der Effizienzsteigerung sein, aufgrund einer Kostenoptimierung, Rationalisierung der innerbetrieblichen Logistikabläufe und eines verbesserten Risikomanagements gepaart mit digitalen Grundzügen.

Wie bereits gesagt, es sind nicht die anderen Wettbewerber mit dem gleichen Produkt, mit denen man konkurriert, es sind die, die ihr Netzwerk und ihre Prozesse kennen und besser beherrschen.

„Mittendrin statt nur dabei: Augenblick – Überblick – Weitblick"

Auf geht's, packen wir es an

Die Fabrik der Zukunft ist somit ein weiterer Ansatz, wodurch die Produktion, weg vom Massenprodukt und hin zu intelligenten Produkten, gepusht wird. Welches die Kunden wollen und wo zum wettbewerbsfähigen Preis produziert werden kann.

Produktionsmaschinen und Prozesse, welche nun intelligenter miteinander vernetzt werden, aus der Sichtweise der Anwender, Werker und Zulieferer.

Produktionssysteme, die auch auf Losgröße 1 ausgelegt sind und individualisierte Produkte wirtschaftlich herstellen können. Lean Production, wo an einem Tag ein Hybrid und am anderen Tag ein E-Auto gefertigt wird. Schnittstellen, wo nötig, und Konsolidierung, wenn möglich.

Hin zu Innovationen, zum Sinnbildlichen: Smart Home mit seinen Bewegungsmeldern, Alarmsirenen, Funkthermostaten, Wassersensoren und Videokameras, welche die Welt vorher so noch nicht in der Kombination gesehen hat und doch sind sie plötzlich da und von jedem gewollt.

Oder vielleicht doch etwas Disruptiveres, etwas „Simples" wie einen USB-Stick. Aus der Not geboren, weil die Präsentation auf dem Notebook nicht funktionierte, entstand ein kleines Produkt, welches die IT-Welt maßgeblich verändert hat.

Mitarbeiter und Mitarbeiterinnen, die in der Produktion von der Planung bis zur Ausführung voll integriert sind. Flexibel auf Änderungen im Produktionsablauf reagieren und Daten nutzen – weil sie es gelernt und zum Teil mit angeschoben haben.

Start-ups und Kommunikationsplattformen werden im Unternehmen gelebt. Wo die Philosophie schon längst keine stille Revolution mehr ist, sondern wo Innovationen und Wertschöpfung entstehen, und zwar über die Kostenstellen und Profitcenter hinaus – Woche für Woche, Tag für Tag.

Wo Freiraum geboten wird, ohne Hierarchien und Verlustängste, für eine gemeinsame Teamleistung.

Ja wo die einzelnen Königreiche wieder zu einem Kaiserreich zusammengefunden haben.

Man ist wieder eins, ein WIR: W-wertvoll – I-integriert und R-reaktiviert. Ein gelebtes Human Resource.

Durch „Out-of-the Box-Denker" entstehen weitere Projekte, die die Machbarkeit schnell und eindrucksvoll belegen oder Fehlendes aufzeigen.

Ein Teil der Mannschaft zu sein, auch wenn es die zweite Garde ist, und das neu entwickelte Produkt oder dessen Prozess am Ende ein Mosaikstein im großen Gebilde des Seins.

Dazu eine Supply Chain, wo ganze Lieferketten zu Wertschöpfungsnetzwerken explodieren, weil jeder seinen Beitrag kennt und auch leistet. Verbindlich wie eine gut geölte Maschine.

Und warum machen wir das alles?

Weil wir verstanden haben, was der digitale Wandel bedeutet und was er am Ende bewirken kann.

Ergänzt durch die Tatsache, ein gutes Produkt herzustellen reicht nicht aus, wenn es nicht up to date ist. Wenn es also die Schreibmaschine nicht schafft, Speicher mit Touch-Monitoren zu verbinden.

Vor der Digitalisierung kommt die Kommunikation.

Nur wenn alle „Spieler" ihre Position kennen und jeder die Taktik verstanden hat, das Trainierte konditionell abrufen kann, ist der Erfolg zum Greifen nahe.

Wenn allein durch das „Gesprochene" der Reis in der Mikrowelle zubereitet werden kann, was kann dann erst dieses alles bei den Menschen bewirken?

Maschinen sind programmierbar, Prozesse definierbar, doch Menschen und ihr Verhalten sind das Bindeglied, die Seele, im Konstrukt, das sie mit Leben füllen.

Arbeitsmodelle, Arbeitsprozesse und Lieferketten müssen somit in Zeiten der Digitalisierung neu definiert und organisiert werden.

Loslassen, neue Entscheidungs- und Freigabeprozesse finden, kreative Freiräume, Verantwortung abgeben, neue Kompetenzen, ein Wirgefühl initiieren, sich in bestimmten Projekten selbst verwirklichen, ein Teil des Ganzen sein, dazu die technischen Neuerungen, die die Arbeit erleichtern, notwendige Daten bereitstellen und Zeitressourcen schaffen für das Ziel: Wir sind Zukunft.

Patriarchische Strukturen, Motivation durch Druck, das Funktionieren wie eine Maschine ohne Mitspracherecht, Angst vor Austauschbarkeit, Kontrolle auf allen Ebenen, das ist die Arbeitswelt des alten Jahrhunderts. Es ist die Dinosaurier-Denke der Old Economy, und sie wird letztendlich Stück für Stück verschwinden müssen.

Kein Mensch braucht heutzutage ein „Controlling", aber verlässliche Zahlen, ein Monitoring, um einen gemeinsamen Entwicklungsprozess anzuschieben, ja letztendlich abzurufen, das ist der Nährboden für menschliches Wachstum und Erfolg belegt mit Zahlen, Daten, Fakten.

Individualisierte Personalentwicklung, welche die persönlichen Ziele, Bedürfnisse und Wünsche berücksichtigt und somit Freiraum schafft für Kreativität, Motivation und Anerkennung.

Neue Technologien mit einer Unterstützungsfunktion im digitalen Zeitalter und der Mensch als Verwerter und Nutzer dessen.

Maschinen produzieren, Daten bringen Informationen, und der Mensch als Schnittstelle bildet daraus wichtige Erkenntnisse, trotz Machine Learning und künstlicher Intelligenz.

Wie Steve Jobs von Apple ja bereits sagte: Wir stellen nicht kluge Köpfe ein, damit wir ihnen sagen, was sie zu tun haben, wir stellen kluge Köpfe ein, damit die uns sagen, was wir zu leisten haben.

Doch die Suche nach diesen Köpfen ist nicht so einfach und mal eben gemacht, also warum nicht schon mal in den eigenen Reihen anfangen, einfach mal Vertrauen schenken und die Aufforderung des Handelns?

Es reicht eben nicht, ein bisschen Wandel hier, eine neue Maschine da und obendrauf ein kleines Update mit einer Prise Digitalem.

Die Zukunft ist nicht vorhersehbar, vielleicht etwas erahnbar, aber auf jeden Fall ist sie selbst gestaltbar.

Kapitel 6

IT-Sicherheit und Datenschutz

Trotz aller Euphorie und dem Willen der Veränderung durch den Menschen muss im Rahmen der Digitalisierung auch dieses Thema angesprochen werden. In diesem Zusammenhang kann man nur auf die Sicherheitsexperten und Datenschutzbeauftragten verwiesen werden, die sich tagtäglich diesem Thema widmen und auf dem neuesten Stand halten. Denn es geht nicht nur allein um das unerlaubte Abgreifen und Manipulieren von Daten – ein Ausfall des ERP-Systems kann teuer werden, sondern auch um die Persönlichkeitsrechte von Kunden, Mitarbeitern und Mitarbeiterinnen, Dienstleistern und Partnern im Zeitalter der DSGVO – Datenschutz-Grundverordnung.

Datenschutzbehörden können bei Verstößen gegen die geltende Verordnung hohe Geldbußen verhängen, dazu können dann noch Schadensersatzforderungen von den Geschädigten kommen.

- Die Datenschutzgrundverordnung betrifft auch kleine Unternehmen maßgeblich.
- Bei groben Verstößen droht die persönliche Haftung der Geschäftsführer.
- Schutzmaßnahmen sind daher zwingend in Zeiten der voranschreitenden Digitalisierung.
- Hinzu können Abmahnungen durch Wettbewerber und Abmahnvereine kommen.

Je nach Art, Größe und Branche der Unternehmen gelten unterschiedliche Mindestanforderungen.

Grundsätzlich gibt es aber folgende Übersicht zu beachten:
1. Datensicherheit organisieren: Wie werden die Daten im Unternehmen verarbeitet und geschützt? Gibt es ein Datenschutzbuch, und wer organisiert dieses?
2. Gibt es ein Verarbeitungstätigkeitverzeichnis, wer erstellt und aktualisiert dieses?
3. Wie sind die Informationspflichten und Löschfristen organisiert?
4. Wer schließt Auftragsdatenverarbeitungsverträge ab, und wer prüft diese?
5. Gibt es einen Datenschutzbeauftragten (intern/extern) – notwendig, wenn mehr als 9 Personen (Köpfe) Zugriff auf personenbezogene Daten haben?
6. Gibt es Mitarbeiterschulungen bzgl. des Umgangs mit personenbezogenen Daten?
7. Gibt es grundsätzliche Dokumentationen zur IT-Sicherheit und DSGVO?
8. Wer und wie erfolgen Datenschutzfolgeabschätzungen – Überprüfungszyklen einführen.

Quellen und weiterführende Informationen zur IT-Sicherheit und Datenschutz sind auch abrufbar unter:
a. Broschüre Datenschutz von der IHK
b. „Erste Hilfe zur Datenschutz-Grundverordnung für Unternehmen und Vereine" – Bayrisches Landesamt für Datenschutzaufsicht
c. Landesbeauftragte für den Datenschutz Niedersachsen
d. ZDH-Leitfaden: Das neue Datenschutzrecht

KAPITEL 7

Aller Anfang ist ja bekanntermaßen schwer, und dieses Buch soll ja auch als kleine Handlungshilfe funktionieren, um also das erste Feuer des neuen Teamspirits zu entfachen. Hier ein paar praktische Techniken, Hilfsmittel und Methoden, um die neu gewonnene „Freiheit" ins Leben zu rufen.

Methoden der Zusammenarbeit

Brainstorming – der Klassiker
Brainstorming ist eine von Alex F. Osborn 1939 entwickelte und von Charles Hutchison Clark modifizierte Methode zur Ideenfindung die die Erzeugung von neuen, ungewöhnlichen Ideen in einer Gruppe von Menschen fördern soll. Er benannte sie nach der Idee dieser Methode, nämlich *using the brain to storm a problem* (wörtlich: „das Gehirn verwenden zum Sturm auf ein Problem").
Quelle Wikipedia

Mindmapping
Eine Mindmap (mind map; auch: Gedankenlandkarte, Gedächtnislandkarte) beschreibt eine von Tony Buzan geprägte kognitive Technik, die man z. B. zum Erschließen und visuellen Darstellen eines Themengebietes, zum Planen oder für Mitschriften nutzen kann. Hierbei soll das Prinzip der Assoziation helfen, Gedanken frei zu entfalten und die Fähigkeit des Gehirns zur Kategorienbildungzu nutzen. Die Mindmap wird nach bestimmten Regeln erstellt und gelesen. Den Prozess bzw. das Themengebiet bzw. die Technik bezeichnet man als Mindmapping.
Quelle Wikipedia

Walt-Disney-Methode
Die Walt-Disney-Methode (auch Walt-Disney-Strategie genannt; im englischen Sprachraum Disney method) ist eine Kreativitätsmethode auf Basis eines Rollenspiels bei dem eine oder mehrere Personen ein Problem aus drei Blickwinkeln betrachten und diskutieren.
1. Der Träumer ist subjektiv orientiert und enthusiastisch, enthält sich aber eines praktischen Urteils zu einer Idee oder Analyse.
2. Der Realist nimmt einen pragmatisch-praktischen Standpunkt ein, entwickelt Aktivitätspläne und untersucht die notwendigen Arbeitsschritte, -mechanismen und Voraussetzungen.
3. Der Kritiker fordert heraus und prüft die Vorgaben der anderen. Ziel ist konstruktive und positive Kritik, die hilft, mögliche Fehlerquellen zu identifizieren.

Die Methode kann sowohl von Einzelpersonen als auch von Gruppen angewendet werden. Sie ist besonders hilfreich, wenn es darum geht, Ziele und Visionen zu konkretisieren und alltagstauglich zu gestalten.
Quelle Wikipedia

Business Model Canvas
Die Key-Account-Managements und die kundenbezogenen Strategien lassen sich mithilfe des in Bezug setzen und anschaulich visualisieren. Dies ist ein Konzept, um ein Geschäftsmodell zu beschreiben und zu überarbeiten. Über eine Betrachtung der wesentlichen Bausteine kann eine Unternehmensstrategie entwickelt werden. Dieses Model ist aus neun Bausteinen aufgebaut, bei der auf der einen Seite die Kunden, auf der anderen Seite die Partner dargestellt werden. Das Konzept des Business Model Canvas ist die Grundlage für das, wobei sich jedoch die einzelnen Bausteine der Methoden unterscheiden.
Quelle Wikipedia

Design Thinking
Design Thinking basiert auf der Annahme, dass Probleme besser gelöst werden können, wenn Menschen unterschiedlicher in einem die Kreativität fördernden Umfeld zusammenarbeiten, gemeinsam

eine Fragestellung entwickeln, die berücksichtigen und dann Konzepte entwickeln, die mehrfach geprüft werden. Das Verfahren orientiert sich an der, die als eine Kombination aus Verstehen, Beobachtung, Ideenfindung, Verfeinerung, Ausführung und Lernen verstanden wird. Nach einem anderen Verständnis bedeutet Design Thinking „any process that applies the methods of industrial designers to problems beyond how a product should look" („jeder Prozess, der die Methoden von Industriedesignern auf Probleme anwendet, die über das Aussehen eines Produkts hinausgehen").

Design Thinking bedeutet:
– Verstehen
– Analysieren und Beobachten
– Sichtweise – Point of View – definieren
– Ideen finden
– Prototypen oder Service-Lösung entwickeln
– Ausprobieren/Testen

Quelle: Mittelstand 4.0 – Agentur Kommunikation: Man nehme Rezepte für den digitalen Handel

AI – positives Denken

Appreciative Inquiry (AI) wurde 1987 von dem US-Amerikaner David Cooperrider entwickelt. Seine These war: Suche und erkunde in verschiedenen Situationen nur das Positive, um so dich selbst und andere im ersten Schritt zu motivieren.

Die erste Idee: Jeder Mensch verfügt über unerkannte und unentdeckte Potenziale, die es zu entdecken gibt – der Rohdiamant. Zweitens: Gruppen richten ihr Tun und ihre Denkweise an einem gemeinsamen Ziel aus.

Durch diesen Gleichklang werden nachhaltige Veränderungen herbeigeführt, und jeder Teilnehmer kann seine Stärken gewinnbringend einbringen.

Open Space – Raum für neue Ideen

Das Open-Space- oder auch Round-Table-Prinzip bietet den Raum, wo alle Teilnehmer gleichgestellt sind im Sinne des Artus-Ritter-Prinzips.

Hier können Fragestellungen offen diskutiert werden, und die selbst organisierten Arbeitsgruppen entwickeln spezifische Lösungsansätze aus ihrem persönlichen Know-how heraus.

Aufbruchsstimmung und Gemeinschaftsgeist, im Teamspirit die Aufgaben zu lösen, bilden den Reiz der Zusammenarbeit aus.

Quelle: Mittelstand 4.0 – Agentur Kommunikation: Man nehme Rezepte für den digitalen Handel

Sechs-Hüte-Methode – Perspektivenwechsel

Das Sechs-Hüte-Prinzip ist ein Rollenwechsel, wo jeder Hut eine bestimmte Denkweise charakterisiert und verkörpert. So entstehen verschiedene Blickwinkel auf ein Problem, welche unterschiedliche Argumentationen mit sich bringen und Wahrnehmungen zugunsten einer sachlichen Positionierung, da die Rollen getauscht werden.

Mögliche Rollen (vereinfacht) dargestellt, könnten dann sein:
- Positive Haltung
- Negative Haltung
- Kritische Haltung
- Ängstliche Haltung
- Konstruktive Haltung
- Überschwängliche Haltung

Quelle: Mittelstand 4.0 – Agentur Kommunikation: Man nehme Rezepte für den digitalen Handel

KAPITEL 8

Fazit

Um nun den Startschuss zu geben, bedarf es zunächst der Grundlagenerfassung: Wo stehe ich überhaupt, und wo will ich hin? Grundlagen, z. B. in der KUNDENKOMMUNIKATION: Wie sind die Produktanforderungen, wie laufen die Bestellungen, die Liefer-, Vertrags- oder Preisvereinbarungen? Können die Kunden mit uns chatten, 24 Stunden, 7 Tage die Woche über den Shop einkaufen oder sich informieren? Haben wir Anwendervideos, welche die telefonischen Nachfragen reduzieren? Wo und wie kann der Kunde Reklamationen anmelden?

Und wie digital ist meine LOGISTIKKETTE? Der Einkauf, Transport, die Lagerung und Bereitstellung von Roh-, Hilfs- und Betriebsstoffen. Meine EDV-Systeme, haben wir optimal genutzte Schnittstellen zu den Geschäftspartnern, zu den Zulieferern? Haben wir Einblick in das gesamte Bestandsmanagement – standortübergreifend? Ab wann melden sich die Alarmglocken bei Risikobeständen?

Wie digital bin ich eigentlich bei meinen INTERNEN PROZESSEN? Von der Bestellung bis hin zur Rechnungsstellung, vom Dokumentenmanagement bis zu den Human Resources und vom Zugang der Mitarbeiter und Mitarbeiterinnen am Werkstor bis zum Zugriff auf sensible Daten rund um das Unternehmen und dessen Kunden und Mitarbeiter und Mitarbeiterinnen.

Dazu, wie ist meine INFRASTRUKTUR digitalisiert? Arbeiten in Zeiten von 4.0 bedeutet Flexibilität und Mobilität. Über sichere Verbindungen sollen Mitarbeiter auf das Unternehmensnetzwerk von überall zugreifen können, um Zeit zu sparen und Ressourcen zu schonen.

Wie sicher bin ich mit meinem COMPLIANCE-KONZEPT? Das bedeutet, die Einhaltung von Gesetzen, Richtlinien und betriebsinternen Regelwerken.

Ist meine PRODUKTION auf 4.0 ein- bzw. umgestellt? Habe ich die notwendige Infrastruktur schon in den Hallen, die Leitungen, die Absicherungen? Mit dem „Internet der Dinge" (IOT) können schneller große Datenmengen ausgewertet, automatisiert und weiterverarbeitet werden. Individualisierte Waren lassen sich so kostengünstig herstellen und besser vermarkten.

Aus dieser Frage-Thematik heraus ergeben sich somit folgende Checklisten.

Checkliste – Minimalanforderung

WAS HABE ICH? Ermittlung des Ist-Zustandes.
WAS WILL ICH? Definition der Digitalisierungsziele, je präziser, desto besser.
WAS BRAUCHE ICH? Erfassen der technischen und personellen Voraussetzungen.
WIE WILL ICH ES ERREICHEN? Beschreibung der konkreten Umsetzungsmaßnahmen.
WAS KOSTET ES MICH? Ermittlung von finanziellen Bedarfen und Fördermöglichkeiten.

Checkliste – Grundlagenerfassung

EVOLUTIONSSTATUS
Wo stehe ich?
– Beginner
– Follower
– Transformer
– Leader

SITUATION im ERP/WWS/CRM/SRM
– Prozessschwächen
– IT-Flexibilität
– Zukunftsfähigkeit
– Cyberrisiken/IT-Sicherheit (intern – extern)

VISION DIGITALISIERUNG
– Mindestziele aufzeigen
– Strukturen definieren
– Risiken bewerten
– Qualifikationsbedarfe benennen

TRANSFORMATION
– Dringlichkeit und strategischen Nutzen bestimmen
– Digitale Produkte und Services entwickeln
– Neue Geschäftsmodelle installieren
– Innovationskultur fördern – Raum schaffen
– Interne Kommunikation erhöhen

FINANZIERUNG
– Risiken bewerten
– Förderprogramme nutzen
– Alternativ-Finanzierungen

Checkliste – Detailfragen

a. Analysieren Sie die Wirkmechanismen der Digitalität, prüfen Sie Vor- und Nachteile für Ihren Betrieb, Ihre Branche, Ihre Zielgruppe, Ihre Wettbewerber.
b. Setzen Sie sich konkret mit den Einflüssen der Digitalisierung auf Ihr Unternehmen auseinander. Was kann alles passieren? Wo kann das Fundament anfangen zu bröckeln?
c. Informieren Sie sich über Angebote zur professionellen Begleitung Ihres Vorhabens.
d. Beziehen Sie eigene und externe Spezialisten aktiv in Ihre strategische Planung mit ein.
e. Sensibilisieren Sie Ihre Mitarbeiter, und werben Sie aktiv für die Ziele Ihrer Digitalisierungsstrategie – Ihrer neuen gewollten Innovationskultur.
f. Definieren Sie Aufgaben und Akteure. Schaffen Sie angemessene Handlungsspielräume.
g. Bleiben Sie in ständigem Dialog mit Partnern und Mitarbeitern. Digitale Transformation basiert auf Kommunikation.
h. Nutzen Sie eigene und externe Netzwerke zum Erfahrungsaustausch und Know-how-Transfer.
i. Positionieren Sie sich als Change Leader, und treiben Sie den digitalen Wandel aktiv voran.

Auszüge aus: Mittelstand 4.0 – Agentur Kommunikation: Man nehme Rezepte für den digitalen Handel

Quick-Check Industrie 4.0

Aufwand reduzieren
- Mitarbeiter-Produktivität erhöhen
- Vereinfachte Planung und Steuerung
- Aufwand in der Instandhaltung und dem QM senken
- Ressourcenverbrauch senken
- Bearbeitungsprozesse verbessern, stabilisieren, absichern

Flexibilität erhöhen
- Auslastung erhöhen
- Nutzen der Potenziale und das Wissen der Mitarbeiter
- Schnelles Anlernen neuer Mitarbeiter
- Einfache Integration neuer Maschinen
- Erhöhung der Varianten- und Mengenflexibilität

Transparenz schaffen
- Zusammenarbeit mit Kunden, Lieferanten und Partnern verbessern
- Abstimmung zwischen den Unternehmensbereichen
- Produktionszusammenhänge erzeugen
- Übersichtliche Datenstruktur ohne redundante Daten
- Variantenbeherrschung

Attraktivität steigern
- Abwechslungsreiche Aufgaben
- Flexiblere Arbeitszeiten
- Hohe Arbeitssicherheit
- Verringerung der Belastung
- Anpassung der Arbeitsplätze an die Mitarbeiter

Kundenzufriedenheit
- Zusätzliche neue Services anbieten
- Neue Geschäftsmodelle (Leistung statt Produkte anbieten)
- Hoher Servicegrad
- Hohe Produktqualität
- Ausweitung des Leistungsangebotes

Quelle: Mittelstand 4.0 – Agentur Kommunikation: Man nehme Rezepte für den digitalen Handel

Transitionsmodell

PHASE 1: Der Abschluss
Jede Transition beginnt mit einem Abschluss: Alte Regeln und Prozesse werden durch neue ersetzt.
In dieser ersten Phase müssen sich Betroffene von eingeübten Verhaltensweisen lösen und den Verlust von Bekanntem bewältigen. Nur so entsteht die Bereitschaft, sich für Neues zu öffnen. Emotional reagieren die Beteiligten häufig mit Wut, Trauer, Angst oder Verwirrung, die keinesfalls als mangelnde Arbeitsmoral oder Widerstand missverstanden werden dürfen.
Hier geht es vor allem darum, den aktuellen Status quo genauestens zu betrachten. Wie wurden einzelne Aufgaben bis dato bewältigt? Welche Abläufe funktionierten gut? Wo gibt es Nachbesserungsbedarf?

PHASE 2: Die neutrale Zone
Die zweite Phase beschreibt ein psychologisches Niemandsland, das oftmals mit Zweifeln, Verwirrung und Unsicherheit einhergeht und unstrukturiert zum Misserfolg des gesamten Veränderungsprojektes führen kann. Die äußerlichen Veränderungen beginnen nun spürbar zu greifen. Gleichzeitig benötigen die Betroffenen Zeit, um sich an Neues zu gewöhnen und Ungewohntes anzunehmen. Was konkret muss ich verändern? Welche neuen technischen Infrastrukturen muss ich bedienen? Ist mein Team ausreichend vorbereitet und ausgebildet?
Welche konkreten Handlungsbedarfe müssen definiert werden? Nicht selten führen solche Fragen zu erhöhten Krankenständen und einer wachsenden Personalfluktuation und sorgen für hohe Fehlerquoten und eine insgesamt sinkende Produktivität. Die neutrale Zone gilt zu Recht als die schwierigste Phase eines Veränderungsprozesses und benötigt eine starke Führung und enge Begleitung der Mitarbeiter. Was bedeutet die Digitalisierung für meinen konkreten Arbeitsalltag? Welche Chancen eröffnen sich für mich persönlich und für das gesamte Unternehmen?
Welche Ziele können und wollen wir auf welchem Weg erreichen? Erst, wenn für jeden klar erkennbar ist, auf welcher Grund-

lage und unter welchen Voraussetzungen der Wandel vollzogen werden kann, erfolgt der nächste Schritt.

PHASE 3: Der Neuanfang
Äußere Rahmenbedingungen können geplant, strukturiert und bei Bedarf flexibel angepasst werden. Der psychologische Neuanfang, der die dritte Transitionsphase markiert, verläuft dagegen selten nach Zeitplan und wird vor allem von den Akteuren selbst bestimmt. Dabei geht es mitnichten nur um die Akzeptanz technologischer Innovationen, sondern um eine grundsätzlich positive Haltung gegenüber sich beständig verändernden Werten und Normen. Trotz vielfältiger Chancen und neuer Impulse reagieren viele Menschen äußerst skeptisch auf solche Neuanfänge.

Erinnerungen an bereits misslungene Aufbrüche können dabei eine ebenso große Rolle spielen wie die Einsicht, dass die neuen Entwicklungen unumkehrbar sind. Die innere Transition kann aber erst dann erfolgreich abgeschlossen werden, wenn realisierte Veränderungen den ursprünglichen Zielen entsprechen und erste Erfolge sichtbar werden.

Quelle: Mittelstand 4.0 – Agentur Kommunikation: Man nehme Rezepte für den digitalen Handel

Online-Kommunikation

Wie schaffe ich es, dass unter der Vielzahl von Anbietern im World Wide Web gerade meine Produkte und Leistungen herausstechen: Grob skizziert in 6 Arbeitsschritten zum Erfolg.

1. Das ist mein Unternehmen
Dank Internet und sozialen Medien können Sie jederzeit den Auftritt Ihres eigenen Unternehmens mit den Präsentationen anderer Anbieter vergleichen. Lassen Sie Google und Co. einfach mal arbeiten, und suchen Sie Antworten auf einige grundsätzliche Fragen. Zum Beispiel:

- In welchem Einzugsgebiet bin ich selbst, und sind andere Anbieter aktiv?
- Welche vergleichbaren Produkte und Services werden angeboten?
- Was zeichnet mein Sortiment im Vergleich zu anderen aus?
- Wen will und wen kann ich mit meinen Dienstleistungen und/oder Produkten bis dato erreichen?
- Welche aktuellen Trends werden online diskutiert, und wie nah bin ich dran?

2. Das sind meine Kunden
Um eine gute Kommunikationsstrategie entwickeln zu können, sollten Sie genau wissen, an wen sie sich richten soll. Geht es in erster Linie um Ihre Endkunden oder auch um Partner, Verbände, politische Gremien oder andere Multiplikatoren?

Wenn Sie wissen, wen Sie ansprechen möchten, sollten Sie die ausgewählten Zielgruppen sorgfältig unter die Lupe nehmen, um zu verstehen, wie sie „ticken" und welche Ansprüche sie haben. Auch hier helfen einige einfache Fragen:
- Welches sind meine drei wichtigsten Kundengruppen?
- Kann ich sie typisieren?
- Welche Wünsche und Bedarfe zeichnen sie aus?
- Was interessiert sie?
- Worauf legen sie besonderen Wert?
- Was mögen sie gar nicht?
- Muss ich bei der Betrachtung meiner wichtigsten Zielgruppen ggf. auch soziodemografische Daten wie Alter, Geschlecht, Nationalität, Einkommen oder gar die Religion berücksichtigen?
- Welche Medien oder Kommunikationskanäle bevorzugen meine Kunden? Sind sie technikaffin, oder informieren sie sich eher über klassische Kommunikationswege?

3. Das können wir
Denken Sie intensiv darüber nach, was Ihr Unternehmen auszeichnet und was Sie besser, anders oder auch nur günstiger als alle anderen können. Finden Sie Ihr Alleinstellungsmerkmal, indem Sie die folgenden Fragen ehrlich beantworten:

- Was unterscheidet mein Unternehmen von Mitbewerbern?
- Warum sollten sich Kunden unbedingt für mein Angebot entscheiden?
- Welche Argumente muss ich liefern, um das Einzigartige meines Angebots zu betonen?
- Welche Zusatzleistungen kann ich anbieten, um den Wert meiner Leistung zu steigern?
- Wir kann ich mich positiv von anderen abheben?

4. Da wollen wir hin
Überlegen Sie genau, wohin Ihre Kommunikationsaktivitäten führen sollen. Mehr Bekanntheit, mehr Präsenz oder mehr Umsatz sind willfährige Wünsche, die jeden bewegen – allein dafür lohnt der Aufwand nicht. Bemühen Sie sich, Ihre Ansprüche und Ziele so präzise wie möglich zu formulieren. Zum Beispiel mit den Fragen:
- Wie kann es mir gelingen, neue Kundensegmente zu erschließen oder jüngere Zielgruppen auf mein Angebot aufmerksam zu machen? Könnte ich mit einem neuen Onlineshop oder auch mit Suchmaschinen- oder Influencer-Marketing punkten?
- Wie kann ich meine Bestandskunden binden? Sollte ich einen (Online-)Newsletter auflegen oder besser in neue Veranstaltungsformate investieren?
- Wie kann ich meinen Kundenservice verbessern? Könnte mir die Einrichtung eines Online-Expertenforums helfen? Welche zusätzlichen Online-Tools kann ich nutzen, um schneller auf individuelle Kundenanfragen zu reagieren? Wie ließe sich das intern organisieren?
- Wie kann ich meinen Kunden komplexe Sachverhalte oder Produktanwendungen verdeutlichen? Wären online gestellte Video-Tutorials das probate Mittel?
- Wie kann ich Expertenwissen teilen und mein Unternehmen als Impulsgeber positionieren? Würde ein Blog den Weg zu diesem Ziel ebnen?
- Wie kann ich neue Mitarbeiter und Fachkräfte gewinnen? Sollte ich in meine Website ein aussagekräftiges Image-Video integrieren?

5. Das setzen wir um
Bis hierhin war alles blanke Theorie – überfordern Sie sich nicht, indem Sie jetzt auch noch die Umsetzung ganz allein bewerkstelligen wollen. Andere haben genau diesen Bereich zu ihrem Beruf erklärt und tun den ganzen Tag nichts anderes, als sich mit dem Aufbau gelungener Websites, mit der Steuerung von Suchmaschinen oder der Einrichtung attraktiver Blogs zu beschäftigen. Viel wichtiger ist, dass Sie einem kreativen Dienstleister nun Ihre Wünsche und Bedarfe präzise darlegen und mit konkreten Planungen in den Umsetzungsprozess einsteigen können. Betrachten Sie die Website oder den Blog Ihres Unternehmens als „digitale Heimat", und definieren Sie genau, welche Inhalte Sie wie positionieren und via Facebook, Twitter oder Instagram teilen möchten. Definieren Sie, welche Themen zu welchen Zielgruppen passen, und verteilen Sie die Verantwortung für die Onlinekommunikation Ihres Unternehmens auf mehrere Schultern. Denn auch dieses Pflänzchen will regelmäßig gepflegt und begossen werden!

6. Das hat sich bewährt
Online-Kommunikation ist längst nicht mehr nur eine Spielerei, sondern ein bedeutsames und zuweilen kostspieliges Marketing-Instrument. Deshalb ist es wichtig, dass Sie die gewählten Instrumente auch aus betriebswirtschaftlicher Perspektive analysieren und regelmäßig evaluieren.

Voraussetzung ist die Definition messbarer Ziele. Legen Sie fest, was Sie in einem bestimmten Zeitraum erreichen wollen. Zum Beispiel ein jährliches Umsatzplus von 15 Prozent über Ihren neuen Onlineshop. Über eine professionelle Erfolgsmessung können Sie zudem feststellen, wie viele Nutzer sich wie lange in Ihrem Shop aufgehalten haben, welche Angebote am häufigsten geklickt oder an welchem Punkt begonnene Bestellvorgänge abgebrochen wurden. Analysieren Sie diese Daten sorgfältig. Sie geben Ihnen wertvolle Hinweise auf Verbesserungspotenziale oder auf das schlichte Scheitern einer Kommunikationsoffensive.

Quelle: Mittelstand 4.0 – Agentur Kommunikation: Man nehme Rezepte für den digitalen Handel

Kapitel 9

Förderprogramme und Partner

Manchmal liegt das Gute doch so nah und warum das Rad neu erfinden?

Mittlerweile gibt es Unterstützung und zahlreiche Förderprogramme, um die gewaltige Aufgabe bei den *digitalisierten Geschäftsprozessen, die digitale Markterschließung als auch die IT-Sicherheit* zu bewältigen.

Ein paar seien hier erwähnt (Stand Sept. 2019):

- go-digital: Den Mittelstand auf dem Weg in die digitale Zukunft begleiten.
  https://www.innovation-beratung-foerderung.de

- Kompetenzzentrum Kommunikation: Der Mensch im Mittelpunkt des digitalen Wandels
  https://www.kompetenzzentrum-kommunikation.de/

- Mittelstand Digital
  https://www.mittelstand-digital.de

- BMWI – Bundesministerium für Wirtschaft und Energie
  https://www.bmwi.de

- KFW – Förderkredite für Innovation und Digitalisierung
  https://www.kfw.de/

- Förderprogramm unternehmensWert: Mensch
  https://www.unternehmens-wert-mensch.de

Kapitel 10

Das ABC des Digital-Chinesisch

Die folgende Zusammenstellung erhebt keinerlei Anspruch auf Vollständigkeit. Als Quelle wurde das „Wörterbuch IT und eBusiness", eBusiness-Lotse Westbrandenburg, herausgegeben von der Fachhochschule Brandenburg, zurate gezogen.

A

(at)/@ Das @-Symbol, auch „Klammeraffe" genannt, ist in allen E-Mail-Adressen enthalten und trennt den Inhaber der Adresse von der genutzten Domain – zum Beispiel: Franz.Meyer@Firmaxy.de. Das Symbol @ (gesprochen [at]) bedeutet im Englischen einfach nur „bei".

Access Point Der Access Point ist Teil eines Funknetzes und dient als Basisstation, Bindeglied oder Übergang, damit Nutzer auch mit funkbasierten Geräten auf ein kabelbasiertes Netz zugreifen können. Vgl. auch Hotspot.

Account Ein Benutzerkonto, das den berechtigten Zugang zu einem PC oder IT-System ermöglicht. In der Regel enthält ein Account den Benutzernamen, ein Passwort und ggf. persönliche Daten.

ActiveX ActiveX bezeichnet eine Programmierschnittstelle, die es Programmen erlaubt, auf andere lokale oder aus dem Internet geladene Ausführungsprogramme zuzugreifen, um einzelne Funktionen auszuführen.

Administrator Verwalter eines Computers oder Netzes. Ein Administrator installiert Betriebssysteme und Anwendungsprogramme, richtet neue Nutzer ein und verteilt die für die Arbeit notwendigen Rechte.

AI – Artificial Intelligence Mithilfe künstlicher Intelligenz (KI) sollen digitale Helfer selbstständig Probleme bearbeiten und Lösungen entwickeln.

Algorithmus Definierte Handlungsvorschrift zur Lösung eines Problems. In der Informatik bezeichnet der Algorithmus eine präzise formulierte Verarbeitungsvorschrift, die maschinell gelesen und ausgeführt werden kann.

Attachment Zu Deutsch „Anhang". Dokumente, Bilder, Videos oder Musikdateien, die einer E-Mail hinzugefügt (angehängt) werden.

Authentifzierung Nachweis der Zugangsberechtigung durch die Abfrage von Benutzerkennung und Passwort bei den Verbindungen zu Servern mit Zugangsbeschränkungen.

Avatar, virtueller „Stellvertreter" Eine Grafik oder Animation, die im Internet – beispielsweise in Chatrooms – zur Beschreibung einer echten Person genutzt wird und ggf. statt eines Benutzerfotos eingesetzt wird.

B

Backbone Der Backbone ist der Hauptstrang eines Netzwerks; Internet-Backbones sind die wichtigsten Verbindungen zwischen den großen Providern.

Backup Sicherung der Daten (Backup-Dateien) eines Computers auf externe Datenträger.

Banner Werbeeinschaltungen auf Webseiten, die zum Teil über Hyperlinks mit anderen Webseiten verbunden sind.

Barrierefreiheit Online-Angebote müssen nach dem Behindertengleichstellungsgesetz auch für Menschen mit Behinderungen, insbesondere für Menschen mit eingeschränkter Sehleistung, zugänglich sein. Um dies zu gewährleisten, werden zusätzliche Vorleseprogramme integriert, die die inhaltlich logische Reihenfolge bereitgestellter Informationen erkennen. Grafiken und Bilder müssen zusätzlich mit Erklärungstexten hinterlegt werden. Farben und Kontraste sind so zu wählen, dass auch farbenblinden Personen keine Informationen entgehen.

BIOS – Basic Input Output System Kleines Programm, das in der Regel auf der Hauptplatine eines Computers gespeichert ist und nach dem Einschalten des Rechners dafür sorgt, dass der Anwender Laufwerke und Tastatur verwenden und das Betriebssystem starten kann.

Blog Kurzform von „Weblog", ein Kunstwort, das aus Webseite und Logbuch gebildet wurde. Darunter versteht man Webseiten, die ähnlich einem Tagebuch periodische Einträge einer oder mehrerer Personen enthalten.

Bluesnarfing Missbräuchliche Verwendung von Bluetooth. Fremde können unbefugt auf Daten zugreifen, die auf Handys gespeichert sind, z. B. Adressbücher, Bilder, Kalender oder Identitätscodes.

Boolesche Operatoren ermöglichen die Verknüpfung oder den Ausschluss von Begriffen bei Recherchen in Suchmaschinen. Häufig verwendete Operatoren sind „und", „oder", „nicht" oder Klammern.

Booten Das Starten eines Computers und das Laden des Betriebssystems.

Bootviren Viren, die bereits beim Starten (Booten) des Betriebssystems ausgeführt werden und anschließend im Arbeitsspeicher verbleiben. Sie können Festplatten und Disketten befallen und werden oft durch infizierte Startdisketten übertragen.

Bot Bots sind Programme, die selbstständig Aufgaben abarbeiten. So scannen sie z. B. über Suchmaschinen online verfügbare Webseiten oder können in sozialen Medien Meinungen verbreiten oder beeinflussen.

Browser Programme, mit denen Webseiten aufgerufen werden und entsprechende Inhalte auf einem PC wiedergegeben werden können. Gängige Browser sind z. B. „Google Chrome", „Firefox" oder „Internet Explorer".

BSI – Bundesamt für Sicherheit in der Informationstechnik Das 1991 gegründete Bundesamt gehört zum Geschäftsbereich des Bundesministeriums des Innern und untersucht Sicherheitsrisiken bei der Anwendung der Informationstechnik und entwickelt Sicherheitsvorkehrungen.

Bug Als „Bug" werden Fehler in Programmen bezeichnet.

C

Cache Pufferspeicher, der Daten schneller zur Bearbeitung bereitstellt. Auch: Lokales Verzeichnis der beim Internetsurfen besuchten Seiten.

CDO – Chief Digital Officer Menschen, die diese Funktion bekleiden, kümmern sich im Unternehmen um alle geschäftlichen Facetten, die mit dem digitalen Wandel verbunden sind.

CERT – Computer Emergency Response Team Arbeitsgruppen oder Organisationen, die aktive Unterstützung bei IT-Sicherheitsproblemen bieten. Ein Beispiel ist das CERT für Bundesbehörden („CERT-Bund") des BSI.

Client Ein Client (zu Deutsch „Kunde") ist ein Computer, der Dienste in Anspruch nimmt. Ein PC, der Internetseiten aufruft, ist somit auch ein Client.

Cloud Technologien und Infrastrukturen, die es ermöglichen, Daten und/oder Programme statt auf dem eigenen PC in internetbasierten Speicherkapazitäten zu sichern.

Cookie Zeichenfolge, die mit einer Webseite vom Server geladen werden kann und bei einer erneuten Anfrage an den Server mitgesendet wird. Ziel der Verwendung von Cookies ist es, Besucher wiederzuerkennen, sodass z. B. die erneute Eingabe von Nutzerdaten entfällt.

D

Data Miner Programm zum Sammeln, Herausfiltern und Übermitteln von bestimmten Daten aus internen Unternehmensdatenbanken und externen Informationsquellen. In den gewonnenen Daten sucht der Data Miner nach Mustern und Zusammenhängen. Genutzt werden Data Miner z. B. von Unternehmen, die die Daten zur Analyse oder Vorhersage von Verhaltensweisen und Trends sowie als Entscheidungshilfe nutzen.

Dateiformat Das Dateiformat definiert den Typ einer Datei. So bezeichnet beispielsweise das Format „.doc" Textdateien, die mit dem Programm Microsoft Word (oder einer anderen Textverarbeitung, die das Format unterstützt) erstellt wurden.

Datenschutz Schutz der allgemeinen Persönlichkeitsrechte, insbesondere des Anspruchs auf Achtung der Privatsphäre und auf informationelle Selbstbestimmung.

DFÜ – Datenfernübertragung Als DFÜ werden die Teile des Betriebssystems bezeichnet, die der Anbindung an das Internet (oder andere Rechner) über Telefonleitungen dienen.

DHCP – Dynamic Host Configuration Protocol Ermöglicht die dynamische Zuweisung von IP-Adressen, was die Einbindung neuer Rechner in ein Netzwerk stark vereinfacht.

Differenziell Art der Datensicherung. Bei einer differenziellen Datensicherung werden nur die Daten gesichert, die sich nach der letzten Vollsicherung geändert haben. Dies hat den Vorteil, dass das Zurückspielen der Daten relativ einfach (nämlich mit dem Vollbackup und dem letzten Backup) möglich ist. Vgl. auch „Inkrementell".

Digital Bei der digitalen Übertragung von Informationen werden die Signale in bestimmte Zahlenwerte umgewandelt (z. B „binäre Codes", die aus einer Abfolge der Ziffern 0 und 1 bestehen). Das Gegenteil sind analoge Signale, die jeden beliebigen Zwischenwert annehmen können.

Digitale Signatur Kryptografisches Verfahren, das es ermöglicht, elektronische Dokumente zu unterzeichnen (zu signieren), sodass auf den Urheber wie bei einer klassischen Unterschrift zurückgeschlossen werden kann. Mit einer digitalen Signatur kann auch verhindert werden, dass Dokumente unbemerkt manipuliert werden.

Disclaimer Ein Disclaimer wird in E-Mails oder auf Webseiten meist als Rubrik zur Platzierung von Haftungsausschlüssen verwendet. In einem E-Mail-Disclaimer wird der Leser

z. B. darauf hingewiesen, dass der Inhalt vertraulich und nicht an Dritte weiterzuleiten ist. In einem Homepage-Disclaimer erklärt der Betreiber, keine Verantwortung für externe Links zu übernehmen.

DNS – Domain Name Service DNS ist einer der wichtigsten Dienste im Internet, der für die Umsetzung von Namen (URLs) in IP-Adressen verantwortlich ist.

Domain Teil eines Rechnernamens. Die Domain bezeichnet in der Regel die verantwortliche Organisation. So steht beispielsweise die Domain „bsi. de" für das BSI.

Download Übertragung von Daten von fremden auf eigene Rechner.

E

eBusiness Digitalisierung von Prozessen in und von Unternehmen. Dazu gehören u. a. der Handel (E-Commerce), Kommunikation und Werbung sowie die elektronische Abwicklung interner und externer Prozesse mit IT-Unterstützung.

E-Commerce Handel mithilfe des Internets, vgl. auch M-Commerce.

E-Democracy Die Ausübung politischer Rechte, die Diskussion über politische Fragen und die politische Entscheidungsfindung mit Unterstützung moderner Informations- und Kommunikationstechnologien.

E-Government Zu Deutsch: Elektronische Verwaltung. Dienstleistungsangebot öffentlicher Verwaltungen im Internet, das es Bürgern ermöglicht, Behördengänge elektronisch abzuwickeln.

E-Health Einbindung moderner Informations- und Kommunikationstechniken in den Gesundheitssektor. Dazu zählen etwa die Bereitstellung von Online-Gesundheitsinformationen, virtuelle Diskussionen und Foren von Patienten- oder Angehörigengruppen, die Online-Beratung von Patienten oder auch der elektronische Vertrieb von Medikamenten oder gesundheitsnahen Dienstleistungen wie etwa Versicherungen.

E-Learning Lernprozesse unter Nutzung moderner Informations- und Kommunikationstechniken.

EMS – Enhanced Message Service Ermöglicht das Versenden und den Empfang von kleineren Bildern, (Klingel-)Tönen oder formatierten Texten über Handys.

Extranet Spezieller Bereich einer Internetpräsenz, der nur einem bestimmten externen Nutzerkreis zugänglich gemacht wird. Extranets werden häufig von Firmen genutzt, die ihren Kunden Informationen zur Verfügung stellen möchten, ohne sie im Internet öffentlich zu publizieren und damit für jedermann zugänglich machen zu müssen.

F

Firewall Hard- und Software, die den Datenfluss zwischen dem internen und dem externen Netzwerk kontrolliert. Eine Firewall kann aus einem oder mehreren Rechnern bestehen. Ziel ist der Schutz interner Netze vor Angriffen aus dem Internet.

Firmware-Upgrade Das Einspeichern einer aktuellen Software-Version in spezielle Speicherbausteine (ICs) eines elektronischen Gerätes.

Flatrate Zeitunabhängige Abrechnungsart für die Vermittlung des Internetzugangs durch den Provider. In der Regel sind mit einer monatlichen Pauschale alle Kosten abgegolten – unabhängig von der tatsächlichen Online-Zeit.

FTP – File Transfer Protocol Protokoll zur Dateiübertragung von und zu entfernten Rechnern.

G

Gateway Server Server, die bei VoIP eine Verbindung zwischen dem Internet und dem herkömmlichen Telefonnetz herstellen – und zwar in beide Richtungen; also von einem VoIP-Teilnehmer ins Fest- oder Mobilnetz und umgekehrt.

GPRS – General Packet Radio Service Paketorientierter Datendienst, der es ermöglicht, Daten ins GSM-Netz zu übertragen.

GSM – Global System for Mobile Communication Das weltweit führende öffentliche Netz zur mobilen Sprach- und Datenkommunikation der zweiten Generation. Das Mobilfunknetz der dritten Generation ist der UMTS-System-Standard.

H

Handy-Payment Die Bezahlung von zumeist kleinen Beträgen über das Mobiltelefon. So besteht auf einigen Onlineshop-Seiten bereits die Möglichkeit, die eigene Telefonnummer zu hinterlassen. An diese wird per SMS ein Code verschickt, der auf der Seite einzugeben ist. Die Abrechnung erfolgt über den Telefonanbieter.

HBCI – Home Banking Computer Interface Standard zur Absicherung von Onlinebanking. HBCI beruht in der Regel auf einer Chipkarte und bietet eine Alternative zum PIN-/TAN-Verfahren.

Header Der Header (engl. head, zu Deutsch „Kopf") bezeichnet eine „Einleitung" oder den „Vorspann" und besteht aus Metadaten (Daten, die Informationen über andere Daten enthalten) am Anfang einer Dateneinheit. So werden z. B. auch die Kopfzeilen von E-Mails als Header bezeichnet. Sie enthalten Informationen über Absender, Empfänger, Betreff, Datum oder Verbreitungsweg der Nachricht.

Hoax Der Begriff „Hoax" bezeichnet eine Falschmeldung (Gerücht), die über E-Mails, Messenger-Programme, SMS oder MMS verbreitet wird.

Homepage Der Begriff Homepage bezeichnet lediglich die Startseite eines Internetauftritts und nicht, wie oft angenommen, die Webpräsenz im Ganzen. An die Homepage sind die einzelnen Webseiten des Internetauftritts angeschlossen.

Host Alternative Bezeichnung für Server.

Hotspot Zugangsmöglichkeit zu Funknetzwerken (WLAN) an öffentlichen Plätzen, wie Bahnhöfen oder Flughäfen. Vgl. auch Access Point.

HSCSD – High-Speed Circuit Switched Data Ein Standard, der durch die Bündelung von Kanälen eine schnellere Datenübertragung über GSM-Netze (GSM) ermöglicht.

HTML – Hyper Text Markup Language Beschreibungssprache für Internetseiten („www"), die mithilfe eines Browsers dargestellt werden können. HTML-Seiten können untereinander verlinkt sein und verschiedene Multimedia-Elemente enthalten.

HTTP – Hypertext Transfer Protocol Übertragungsprotokoll für Internetseiten („www").

HTTPS – Hypertext Transfer Protocol over SSL Protokoll zur verschlüsselten Übertragung von Internetseiten („www").

Hub Netzkoppelelement. Ein Hub ist an verschiedene Netzkabel angeschlossen. Alle Signale, die er von einem dieser Kabel empfängt, sendet er an alle weiteren angeschlossenen Einheiten weiter, z. B. an zusätzliche Rechner, Hubs oder Router.

Hypertextstruktur (Hyperlinks) Vernetzter Aufbau von Inhalten. Webseiten beinhalten üblicherweise keine isolierten, für sich alleinstehenden Dokumente. Über Hyperlinks können von jeder Seite weitere Dokumente geöffnet werden.

I

Icon Kleine Bildelemente, die bei grafischen Benutzeroberflächen als Ergänzung eingesetzt werden. Über Icons lassen sich in der Regel durch Klick oder Doppelklick auch zusätzliche Programme starten.

I-mode Ein Dienst, der das Internetsurfen über Handys ermöglicht, ohne dass – wie bei WAP – die Seiten extra umgeschrieben werden müssen.

Implementierung Integration bestimmter Funktionalitäten oder Algorithmen in ein Produkt.

Importieren Laden von Daten in eine Datei.

Inkrementell Art der Datensicherung. Bei einer inkrementellen Datensicherung werden nur die Daten gesichert, die sich nach der letzten Sicherung geändert haben. Dies hat den Vorteil, dass die Sicherung relativ unaufwendig ist. Vergleiche auch „Differenziell".

Installieren Bevor ein Programm oder das Betriebssystem auf einem Computer seine Aufgaben erfüllen kann, muss es auf diesem installiert werden. Dazu werden einerseits benötigte Dateien von einem Datenträger auf die Festplatte des Computers kopiert und andererseits Konfigurationen vorgenommen, die das Programm an die jeweilige Umgebung anpassen.

Instant Messaging Zu Deutsch: Sofortige Nachrichtenübermittlung. Ein Service für Online-Chats und das Versenden kurzer Nachrichten. Dabei ist vorab keine Verabredung nötig – die Anwesenheit von Gesprächspartnern wird automatisch signalisiert. Die populärsten Programme dieser Art sind Skype, WhatsApp oder Google Talk.

Interface bezeichnet das Bindeglied zwischen zwei verschiedenen Ebenen, z. B. zwischen Computer und Drucker oder zwischen der grafischen Benutzeroberfläche, der Software und dem Nutzer.

Internet Kurzform von Interconnected Network und Bezeichnung für ein weltweites Datennetz, das sich aus vielen kleineren lokalen Netzen zusammensetzt. Das Internet ist aus dem ARPA-Net hervorgegangen und basiert auf TCP/IP. Es beinhaltet verschiedene Internetdienste.

Internet der Dinge (IoT) Das Internet der Dinge (engl. Internet of Things, IoT) beschreibt die Vernetzung von Geräten mit dem Internet. Auf diese Weise können sich die Maschinen selbstständig mit anderen Systemen austauschen und organisieren, um dem Anwender Arbeitsvorgänge zu erleichtern oder vollständig abzunehmen.

Internetprovider In der Regel ist hiermit der Zugangsvermittler zum Internet gemeint. Häufig wird auch von Internet Access Provider oder Internet Service Provider gesprochen.

Intranet Firmen- oder konzerninternes Netzwerk, das meist auf TCP/IP basiert.

IP-Adresse (IPv4, IPv6) Weltweit eindeutige Adresse für an das Internet angeschlossene Rechner. Eine IP-Adresse besteht aus vier Bytes, die durch Punkte getrennt sind: z. B. 194.95.179. 205. Aufgrund des starken Wachstums des Internets und der steigenden Anzahl an Geräten, die das Internet nutzen können (Fernseher, Tablets etc.), stieß IPv4 bereits an seine Grenzen. Das neue Internetprotokoll IPv6 bietet wesentlich mehr Adressen, sodass sich dieser Engpass auflösen lässt.

IP-Nummer Siehe IP-Adresse.

IPSec – IP Security Protocol Der am weitesten verbreitete Sicherheitsstandard für VPN. Gewährleistet Vertraulichkeit, Authentizität und Integrität. Bislang nur im Hochsicherheitsbereich verbreitet.

ISDN Das ISDN-Netz dient sowohl der Übermittlung von Daten als auch von Telefonaten und anderen Kommunikationsdiensten. Bei ISDN handelt es sich um einen internationalen Standard.

iTAN Ein Verfahren zur Generierung einer Transaktionsnummer (TAN), die beim Abwickeln von Online-Bankgeschäften (Onlinebanking) eingesetzt wird.

IT-Grundschutz-Katalog Die IT-Grundschutz-Kataloge des BSI umfassen Standard-Sicherheitsmaßnahmen und Hinweise für die Umsetzung des IT-Grundschutzes in einer Organisation. Einzelne Bausteine helfen, das Sicherheitsniveau von IT-Umgebungen zu erhöhen und vereinfachen die Erstellung von IT-Sicherheitskonzepten. Die Grundschutz-Kataloge werden einmal im Jahr aktualisiert.

IT-Sicherheit IT-Sicherheit bezeichnet die Sicherheit aller IT-Systeme. Ziel ist es, unberechtigte Zugriffe auf Computer und Netze zu verhindern. Dazu müssen sicherheitskritische Software- und Konfigurationsfehler in unsicheren Netzen, z. B. dem Internet, erkannt und beseitigt werden.

J

Junkmail Zu Deutsch „Abfall-Mail", bezeichnet Massenmails, die einem Empfänger ungewollt zugestellt werden und meistens Werbeangebote enthalten. Vgl. auch Spam.

K

Konfigurationsdatei Datei, in der das Betriebssystem oder ein Programm speziell ausgewählte Einstellungen gespeichert hat. Die meisten Programme benötigen derartige Konfigurationsdateien, um stabil zu laufen.

Kryptografie ist die Wissenschaft der Verschlüsselung von Informationen in „Geheimschriften". Damit soll verhindert werden, dass Dritte Informationen einsehen können, die nicht für sie bestimmt sind. Im Internet werden Verschlüsselungssysteme eingesetzt, um einen sicheren Datenaustausch zu gewährleisten und vertrauliche Informationen zu schützen. Kryptografische Verfahren kommen auch bei der digitalen Signatur zum Einsatz.

L

LAN – Local Area Network Lokales Netz. So wird beispielsweise das hausinterne IT-Netzwerk eines Unternehmens genannt.

Link Verweis auf eine andere Seite oder Information im Internet, meist in Form einer HTML-Seite. Ein Link ist oft als farblich abgesetzter, unterstrichener Text zu erkennen. Auch hinter Grafiken angebrachte Links können auf weiterführende Informationen verweisen. Wird ein solcher Link per Mausklick aktiviert, ruft der Browser die zugeordneten Daten auf.

Location Based Services bezeichnen über das Handy abrufbare Dienste, die den Standort des Benutzers berücksichtigen. Dazu zählen etwa Services rund um Bahnverbindungen oder Routenplanungen.

Login Anmeldevorgang für die Nutzung eines PC, installierter Programme oder Onlinedienste. Der Nutzer muss in der Regel einen nur ihm bekannten Anmeldenamen und ein geheimes Passwort eingeben oder – wie beim Onlinebanking – eine persönliche PIN-Nummer. Der Login-Vorgang dient dazu, den Nutzer zu authentifizieren.

M

MAC – Message Authentication Code An eine unverschlüsselt übermittelte Nachricht angeschlossene Datenmengen, durch die garantiert wird, dass die Informationen während der Übermittlung nicht verändert wurden. MAC dient somit der Integritäts- und Authentizitätssicherung.

Mailbox Zu Deutsch „Briefkasten". Die zentrale Funktion von E-Mail-Programmen. Auch Nutzer von Mobiltelefonen können bei ihrem Mobilfunkbetreiber eine persönliche Mailbox einrichten, die wie ein klassischer Anrufbeantworter funktioniert.

Malware Malware ist ein Kunstwort, abgeleitet aus „Malicious Software" (zu Deutsch: „Schädliche Software") und bezeichnet Softwareprodukte, die unerwünschte und meistens schädliche Funktionen ausführen. Beispiele sind Computerviren, Würmer oder trojanische Pferde.

Man-in-the-Middle-Angriff Ein Angriff auf den Kommunikationskanal zwischen zwei oder mehreren kommunizierenden Personen bzw. Computersystemen. Der Angreifer versucht, die Kommunikation unbemerkt unter seine Kontrolle zu bringen und die ausgetauschten Informationen einzusehen oder zu manipulieren.

M-Commerce, auch **Mobile Commerce.** Damit bezeichnet man das Erledigen von Einkäufen über Handys. Vgl. auch E-Commerce.

Metatag Zusätzliche im Kopf (Header) von Webseiten hinterlegte Informationen wie Keywords, die die Auffindbarkeit erleichtern.

MMS – Multimedia Messaging Service Eine Übertragungstechnik für Multimedia-Daten zwischen Mobiltelefonen und anderen elektronischen Geräten.

Motherboard Die Hauptplatine eines Computers. Auf dieser befinden sich u. a. der Hauptprozessor (CPU), der Hauptspeicher (RAM) sowie Steckplätze für den Prozessor, Speicherbausteine oder Erweiterungskarten wie Grafik-, Sound- und Netzwerkkarten. Ist das Motherboard irreparabel defekt, kann man einen Computer nicht mehr nutzen.

mTAN mTAN ist die Abkürzung für mobile TAN und wird auch als smsTAN bezeichnet. Nach erfolgreicher Online-Übermittlung einer Überweisung an ein Geldinstitut sendet dieses eine TAN per SMS auf das Handy des Nutzers. Mit der Eingabe dieser TAN, die nur für diesen Vorgang gültig ist, wird der Onlinebanking-Vorgang abgeschlossen. Vgl. auch iTAN.

Multimedia Die Gesamtheit oder Vielzahl der Medien, über die die menschlichen Sinne angesprochen werden können: Ton, Bild, Video etc.

N

Navigation Steuerung zu und durch verschiedene Webserver. Hierbei verwendet der Anwender sowohl die Funktionen der Webbrowser als auch entsprechende Elemente in den unterschiedlichen HTML-Seiten eines Webauftritts.

Netiquette, engl. Kunstwort aus „net" (dt.: Netz) und „etiquette" (dt.: Etikette, Höflichkeit). Darunter versteht man die unverbindlichen Regeln, die die Nutzung des Internets für alle Menschen angenehm machen sollen: Die guten Umgangsformen im Ausdruck, das Bemühen, Inhalte für alle gewünschten Adressaten technisch zugänglich zu halten, die Einhaltung von Sicherheitsstandards bei der Übertragung vertraulicher Daten, die Respektierung des Urheberrechts und vieles mehr.

Netzwerk Verbund von Rechnern, die untereinander Daten austauschen. Netzwerk-Rechner können als Host bzw. Server Daten zur Verfügung stellen oder als Client auf diese zugreifen. In manchen Netzwerken üben die verbundenen Rechner auch beide Funktionen gleichzeitig aus.

Netzwerkprotokoll In Netzwerken (z. B. dem Internet) kommunizieren die Rechner untereinander mithilfe von definierten Protokollen. So steht IP beispielsweise für Internetprotokoll, das wie die Sprache des Netzwerkes zu verstehen ist.

Newsgroup Newsgroups sind virtuelle Diskussionsforen im Internet, in denen zu einem speziellen Themenbereich Informationen in Form von Textbeiträgen, Nachrichten, Artikeln etc. ausgetauscht werden. Veröffentlicht ein Benutzer einen Artikel in einer Newsgroup, wird dieser an einen Server gesandt und dort gespeichert, um ihn ggf. anderen Servern oder Nutzern zur Verfügung zu stellen.

O

Onlinebanking Bankgeschäfte (z. B. Überweisungen oder Aktienhandel) über das Internet.

Open Relay Server (ORS) E-Mail-Server (SMTP), der nicht nur für einen bestimmten Adressbereich E-Mails entgegennimmt und verteilt, sondern E-Mails jeder beliebigen Adresse weiterleitet.

Open Source Software (OSS) Bei OSS handelt es sich um eine Software, bei der der Quellcode mitgeliefert wird, vgl. Shareware.

P

Pairing Zwei bluetoothfähige Geräte wie Handys oder PDAs benötigen einen gemeinsamen Verbindungsschlüssel, um miteinander kommunizieren zu können. Dieser wird berechnet, nachdem auf beiden Geräten eine gleichlautende PIN eingegeben wurde. Die „besondere Vertrauensbeziehung" zwischen den beiden Geräten bezeichnet man als „Pairing".

Passwort Mit der Eingabe eines Passwortes weist der Benutzer nach, dass er über eine Zugangsberechtigung zu einem geschlossenen System verfügt. Im Internet werden Passwörter bei bestimmten Diensten benötigt, z. B. bei der Einwahl ins Internet über einen Internetprovider. Passwörter sollten Groß-, Kleinbuchstaben, Ziffern und Sonderzeichen enthalten und in regelmäßigen Abständen geändert werden.

Passwort Manager Programm, beispielsweise als Bestandteil eines Internetbrowsers, das Computernutzer bei der Verwaltung von Passwörtern unterstützt und diese archiviert.

Patch Management Systematisches Aktualisieren zentraler, in einem IT-System eingesetzter Softwareprogramme.

PDA – Personal Digital Assistant Kleiner, handlicher Computer, der hauptsächlich für persönliche Aufgaben wie Adress- und Kalenderverwaltung, Terminplanung, E-Mail und Projektmanagement genutzt wird.

PGP Ein hochsicheres Ver- und Entschlüsselungsprogramm (Verschlüsselung), das für unterschiedliche Rechner und Betriebssysteme existiert und inzwischen weitverbreiteter Standard ist. PGP gestattet den Austausch von Nachrichten ohne Verzicht auf Privatsphäre: Vertrauliche Daten können gespeichert, transportiert und versendet werden.

PIN-/TAN-Verfahren Verfahren zur Authentifizierung, insbesondere beim Onlinebanking. Hierbei sind für den Zugang zum Konto neben der Konto- oder Kundennummer die geheime PIN (Personal Identifcation Number) und für Transaktionen (z. B. Überweisungen) zusätzlich eine TAN (Transaktionsnummer) anzugeben. Jede TAN kann nur einmal verwendet werden.

Pop-up-Fenster Ein sich automatisch öffnendes Fenster bei einer grafischen Benutzeroberfläche. Ein Pop-up-Fenster kann sich beispielsweise beim Besuch einer Internetseite öffnen und auf besondere Angebote hinweisen.

Prepaid-Karte Ein System zur Abwicklung der Bezahlung bei Online-Geschäften. Um auf das Kartenguthaben zugreifen zu können, muss ein PIN-Code freigerubbelt werden. Auf der Webseite des Kartenanbieters kann das Guthaben zusätzlich durch ein individuelles Passwort abgesichert werden. Mithilfe von PIN und Passwort kann in Onlineshops im Verbund des Kartenanbieters eingekauft werden.

Provider In der Regel ist hiermit der Zugangsvermittler zum Internet gemeint. Häufig wird auch von Internetprovider, Internet Access Provider oder Internet Service Provider (ISP) gesprochen.

Proxy Zwischenspeicher. Ein Proxy ist ein Rechner in einem Netzwerk, der Daten, die aus dem Internet geladen werden (z. B. Webseiten) zwischenspeichert. Wird ein zweites Mal auf diese Daten zugegriffen, kann stattdessen die Kopie herangezogen werden, sodass keine zusätzliche Kommunikation mit dem Internet erforderlich ist. Manche Proxys überprüfen auch, ob die Daten den Definitionen entsprechen. Proxys werden häufig zur Steigerung der Sicherheit eingesetzt.

Prozessor Zentrale Recheneinheit in einem Rechner. Der Prozessor übernimmt alle Rechen- und Steueroperationen.

Q

Quellcode Auch Programmcode oder Quelltext. Quellcodes sind Befehlsfolgen, die nach einer Kompilierung zu einem Programm werden. Programmcodes werden von Programmierern erstellt.

R

Roaming Die automatische Umleitung von Mobilfunkgesprächen auf das Netz eines anderen Netzbetreibers im Ausland (engl.: to roam, dt.: herumwandern, streunen). Für die Nutzung solcher fremden Netze können unerwartet hohe Gebühren anfallen.

Robot Suchprogramm, das für Suchmaschinen das Internet durchsucht und die gefundenen Inhalte dem Index der Suchmaschine rückmeldet.

Router Vermittlungstechnisches Gerät zur Verbindung technisch unterschiedlicher lokaler Netze. Es leitet aus dem einen Netz die für das andere Netz bestimmten Daten hinüber und weiß, welche Computer sich in welchem der Netze befinden.

RSS RSS wird verwendet, um Artikel oder deren Kurzbeschreibungen auf einer Webseite in maschinenlesbarer Form bereitzustellen. Ein „RSS-Feed" ist eine Datei, die nur den Inhalt ohne jegliches Layout einer Webseite enthält. Mittels eines „RSSReaders" lassen sich so z. B. die neuesten Informationen verschiedener Webseiten automatisch sammeln und strukturiert anzeigen. Einige RSS-Reader bieten die Möglichkeit, RSS-Nachrichten ähnlich wie E-Mails zu verwalten.

RTF RTF ist ein Dateiformat, das speziell für den Datenexport und -Import formatierter Texte zwischen verschiedenen Textverarbeitungsprogrammen entwickelt wurde. Durch die Abspeicherung von Texten als *.rtf bleibt die Formatierung (jedoch nur Größe, Farbe und Schriftart) eines Textes auch beim Austausch von Textdateien zwischen Programmen verschiedener Hersteller erhalten.

S

Server Ein Server ist ein Rechner, der Dienste bereitstellt. Die Dienste können unterschiedlichster Natur sein.

Shareware Art der Softwarevermarktung. Der Anwender hat dabei das Recht, ein Programm eine gewisse Zeit zu testen und sich erst dann für den Kauf zu entscheiden und sich registrieren zu lassen. Unregistrierte Shareware hat manchmal Einschränkungen. Beispielsweise sind nicht alle Funktionen nutzbar oder das unregistrierte Programm läuft nur eine gewisse Zeit. Unregistrierte Programme dürfen kopiert und weitergegeben werden. Vgl. auch Open Source Software.

Signatur Eine digitale Signatur besteht aus Daten in elektronischer Form. Die Signatur wird an andere elektronische Daten angeschlossen, um den Verfasser von Informationen klar zu identifizieren bzw. zu belegen, dass die Daten nach dem Signieren nicht mehr verändert wurden.

SMS – Short Message Service bezeichnet einen Dienst, mit dem Textnachrichten von bis zu 160 Zeichen zwischen Handys übertragen werden können.

SMTP Dieses Protokoll wird für den Versand von E-Mails an einen oder mehrere Empfänger eingesetzt.

Spam Unter Spam versteht man unverlangt zugestellte E-Mails. Spams werden aufgrund der geringen Kosten für den Versender stets in großen Massen verschickt. Am häufigsten sind kommerzielle Spammails. Aber auch Viren werden auf diesem Weg verbreitet. Bei Handys gibt es das Phänomen der SMS-Spams.

SSL Möglichkeit zur Verschlüsselung der Datenübertragung. SSL ist zwar grundsätzlich für verschiedene Anwendungen nutzbar, relativ häufig ist der Einsatz aber lediglich bei Web-Zugriffen im Bereich des E-Commerce, Onlinebanking oder E-Gouvernements.

Streaming Das gleichzeitige Laden und Abspielen von Video- und Audioinformationen bei einem Computer wird als „Streaming" (dt.: strömen) bezeichnet. Das Streaming wird durch eine spezielle Software ermöglicht, die in der Regel kostenlos angeboten wird. Durch Streaming gelangen Videobilder und -töne live auf den Bildschirm des Computers.

Suchmaschine Eine Suchmaschine recherchiert Dokumente, die im Internet oder in einem Computer gespeichert sind. Nach Eingabe eines Suchbegriffs liefert die Suchmaschine eine Liste von Verweisen auf möglicherweise interessante Dokumente mit dem Titel und einem kurzen Auszug aus dem Dokument oder der Webseite. Die bekannteste Suchmaschine ist Google.

T

TAN Ein Code („Transaktionsnummer"), der beim Abwickeln von Online-Bankgeschäften eingesetzt wird. Pro Überweisung oder sonstigem Bankgeschäft wird eine TAN – in Kombination mit Benutzernamen und Passwort – verwendet, um die Rechtmäßigkeit einer Transaktion nachzuweisen.

TCP/IP TCP ist das Standard-Internetprotokoll und stellt den Datenaustausch in Netzwerken sicher. Dabei teilt TCP die zu übertragenden Daten in Datenpakete auf und setzt sie am Zielort wieder zusammen. IP ist für die Zustellung der Datenpakete an ihren Zielort verantwortlich.

Token Ein (Security-)Token ist eine Hardwarekomponente, die in Kombination mit „Wissen" (Passwort/PIN) zur Identifizierung und Authentifizierung von Benutzern dient. Es gibt Tokens z. B. in Form einer Smartcard, für die ein Kartenlesegerät benötigt wird, oder USB-Token (ähnlich einem USB-Stick, der allerdings nicht zum Speichern von Daten vorgesehen ist).

Top-Level-Domain Metastruktur für Domains; sie umfasst den Punkt und die letzten Buchstaben eines Domainnamens. Dabei steht die Top-Level-Domain „.de" für Deutschland. Zusätzlich gibt es themenbezogene Top-Level-Domains, z. B. „.com" für kommerzielle Einrichtungen. Seit April 2006 steht mit „.eu" allen Nutzern eine länderübergreifende europäische TopLevel-Domain zur Verfügung.

U

UDP (User Datagram Protocol) UDP ist ein Netzwerkprotokoll für den Datenaustausch. Im Vergleich zu TCP wird bei UDP nicht garantiert, dass jedes einzelne (Daten-)Paket den Empfänger erreicht. UDP versendet die Informationen sozusagen blind, ist dadurch jedoch erheblich schneller als TCP.

UMTS Mobilfunkstandard der 3. Generation (deshalb häufig mit „3G" bezeichnet). Offizieller Nachfolger des GSM-Mobilfunknetzes. Neben den klassischen Mobilfunkdiensten werden auch schnelle Multimedia-Dienste sowie ein schneller Zugang zum Internet ermöglicht.

Update Neue Version bzw. Ergänzung einer Basissoftware, die Programmmängel korrigiert oder Programmverbesserungen enthält. Updates werden in der Regel in elektronischer Form zum Herunterladen aus dem Internet zur Verfügung gestellt. Sie sind durch eine Änderung der Versionsnummer gekennzeichnet, z. B. von Version 3.1 zu Version 3.2. Wichtig sind auch die sogenannten „Sicherheitspatches". Damit werden vom Hersteller Sicherheitslücken in der Software geschlossen.

Upgrade Wenn Hersteller umfassende Änderungen an ihren Programmen vornehmen, erhalten diese „Aktualisierungspakete" oft eine neue Versionsbezeichnung. Das Programm X in der Version 1.2 wird also beispielsweise durch die Installation eines Upgrades zur Version 1.3.

Upload Mit einem Upload werden Daten vom eigenen Computer auf einen Rechner im Netz hochgeladen.

Urheberrecht Rechtliche Regelungen zum Schutz der Schöpfer von Werken der Literatur, Wissenschaft und Kunst. Geschützt werden insbesondere Musik, Bilder, Filme, Literatur, aber auch Darstellungen wissenschaftlicher/technischer Art (Stadtpläne, Bauzeichnungen etc.) sowie Software. In Deutschland ist das Urheberrecht im Urheberrechtsgesetz geregelt.

URL Eine URL gibt eine Adresse im Internet an. Sie besteht aus dem Protokoll (z. B. http://), dem Rechnernamen (z. B. www.bund.de) und ggf. auch aus der Angabe des Ports (z. B. 80) und der Pfadangabe.

V

Verschlüsselung Übersetzung von sinnvollen Daten in scheinbar sinnlose Daten mithilfe eines (elektronischen) Schlüssels. Eine Rückübersetzung ist nur mithilfe eines geeigneten Schlüssels möglich. Sind die Schlüssel für Ver- und Entschlüsselung identisch, handelt es sich um symmetrische Verschlüsselung. Wird zum Entschlüsseln ein anderer (privater) Schlüssel als zum Verschlüsseln (öffentlicher) benötigt, spricht man von asymmetrischer Verschlüsselung.

Virenscanner Programm, das bei Aufruf Datenträger, Systembereiche, Unterverzeichnisse oder Dateigruppen und einzelne Dateien nach bekannten Schadprogrammen durchsucht.

VNC Ein Programm, das den Bildschirminhalt eines entfernten Rechners auf einem lokalen Rechner anzeigt. So lassen sich Computer auch über weite Entfernungen administrieren, als säße man direkt davor.

VoIP – Voice over Internet Protocol Telefonieren über das Internet. Die Sprachdaten werden in digitale Form umgewandelt, in kleinen Paketen über das Internet verschickt und beim Empfänger wieder zusammengesetzt.

VPN – Virtual Private Network Computernetze, die das Internet oder sonstige öffentliche Netze für die Datenübertragung nutzen. Zwischen den miteinander kommunizierenden

Partnern wird durch die Verschlüsselung ein von anderen nicht einsehbarer „Datentunnel" hergestellt. VPNs werden bei besonders hohen Sicherheitsansprüchen auch zur zusätzlichen Absicherung von WLAN-Verbindungen eingesetzt.

W

WAP Standard für die Anzeige von Texten und Grafiken aus dem Internet auf Mobilfunkgeräten.

Web-Mail Nach Überprüfung der Zugangsberechtigung stellt das Interface dem Benutzer die Funktionalität eines E-Mail-Clients über das Internet zur Verfügung. E-Mails können so online über die Web-Oberfläche gelesen oder verschickt werden.

WLAN Drahtloses lokales Netzwerk. Der WLAN-Router ist eine Basisstation, mit der mehreren Teilnehmern der drahtlose Einstieg in ein Netzwerk, etwa das Internet, ermöglicht wird.

WWW Das World Wide Web (weltweites Netzwerk) ist ein über das Internet nutzbarer Dienst. Das Web entstand 1989 als Projekt am CERN in Genf (Schweiz).

Z

Zeitstempel Elektronische Bescheinigung einer (vertrauenswürdigen) Stelle, dass ihr bestimmte elektronische Daten zu einem bestimmten Zeitpunkt vorgelegen haben. Dabei ist es in der Regel nicht erforderlich, dass diese Stelle den Inhalt der Daten zur Kenntnis nimmt.

Zentrales Netzwerk Netzwerk, bei dem alle wichtigen Funktionen zentralisiert sind.

Zertifikat Digitale Zertifikate sind das elektronische Gegenstück zu einem Ausweis. Sie ordnen ihrem Inhaber eindeutig einen öffentlichen Schlüssel (public key) und damit eine digitale Signatur zu. Die elektronische Unterschrift schützt das unterzeichnete Dokument so vor Manipulationen auf seinem Weg durch das Internet.

Zugangsberechtigung bezeichnet alle Rechte, die einem Anwender in einem Netzwerk, in einer Mailbox oder in einem ähnlichen Kommunikationssystem durch den Administrator eingeräumt werden. Jedem Anwender können dabei individuelle Zugriffsrechte auf bestimmte Dateien, Verzeichnisse oder Geräte gegeben oder entzogen werden. Die Zugangsberechtigung wird in der Regel durch eine Authentifizierung abgefragt.

Zwei-Faktor-Authentifizierung Die Zwei-Faktor-Authentifizierung bezeichnet die Kombination von zwei Authentifizierungstechniken, wie Passwort plus TAN oder plus Chipkarte.

Quelle: Mittelstand 4.0 – Agentur Kommunikation: Man nehme Rezepte für den digitalen Handel

Kapitel 11

Platz für analoge Notizen

Der Autor

Marco Albrecht wurde 1969 in Kiel geboren. Nach der Allgemeinen Hochschulreife absolvierte er eine Ausbildung zum Kaufmann im Groß- und Außenhandel. Praxiserfahrung sammelte er als kaufmännischer Angestellter sowie in Außendienst und Kundenbetreuung, bevor er nach weiteren fachbezogenen Fortbildungen in leitende Position und am Ende zum CDO aufstieg. Der ehemals aktive Handballer ist heute ein sportlicher Allrounder, damals hat er es schätzen gelernt, wie Erfolg im Team gestaltet werden kann. Das gemeinsame Ziel vor Augen und den Blick für sein Nebenmann. Gerne genießt er die schönen Momente des Lebens. Es ist ihm wichtig, da zu sein, wenn es darauf ankommt. Albrecht ist verheiratet und lebt in Sande/Landkreis Friesland, Niedersachsen. „Wenn Fische plötzlich fliegen lernen" ist seine erste Buchveröffentlichung.

novum VERLAG FÜR NEUAUTOREN

Der Verlag

„ *Wer aufhört
besser zu werden,
hat aufgehört
gut zu sein!*

Basierend auf diesem Motto ist es dem novum Verlag ein Anliegen neue Manuskripte aufzuspüren, zu veröffentlichen und deren Autoren langfristig zu fördern. Mittlerweile gilt der 1997 gegründete und mehrfach prämierte Verlag als Spezialist für Neuautoren in Deutschland, Österreich und der Schweiz.

Für jedes neue Manuskript wird innerhalb weniger Wochen eine kostenfreie, unverbindliche Lektorats-Prüfung erstellt.

Weitere Informationen zum Verlag und
seinen Büchern finden Sie im Internet unter:

www.novumverlag.com

Bewerten Sie dieses Buch auf unserer Homepage!

www.novumverlag.com